Ludwig Bussler

Musikalische Formenlehre
In dreiunddreißig Aufgaben

www.elv-verlag.de

Bussler, Ludwig
Musikalische Formenlehre
In dreiunddreißig Aufgaben

ISBN: 978-3-86267-189-2

Auflage: 1
Erscheinungsjahr: 2011
Erscheinungsort: Bremen, Deutschland

Europäischer Literaturverlag GmbH, Fahrenheitstr. 1, 28359 Bremen (www.elv-verlag.de).

Bei diesem Titel handelt es sich um den Nachdruck eines historischen, lange vergriffenen Buches aus dem Jahr 1894 (Berlin). Da elektronische Druckvorlagen für diesen Titel nicht existieren, musste auf alte Vorlagen zurückgegriffen werden. Hieraus zwangsläufig resultierende Qualitätsverluste bitten wir zu entschuldigen.

Musikalische Formenlehre

in

dreiunddreissig Aufgaben

mit

zahlreichen, ausschliesslich in den Text gedruckten Muster-
Uebungs- und Erläuterungs-Beispielen, sowie Anführungen
aus den Meisterwerken der Tonkunst

für den

Unterricht an öffentlichen Lehr-Anstalten,

den

Privat- und Selbst-Unterricht

systematisch-methodisch dargestellt

von

Ludwig Bussler.

Zweite verbesserte und vermehrte Auflage.

BERLIN SW. 1894.
CARL HABEL VERLAGSBUCHHANDLUNG.
33. Wilhelm-Strasse 33.

Vorwort.

Der vorliegende Theil der Compositionslehre behandelt diejenigen Formen, welche der Mehrzahl der Werke

Haydn's, Mozart's, Beethoven's, Weber's, Schubert's, Mendelssohn's, Schumann's u. v. a., auch der meisten lebenden Tonkünstler.

zu Grunde liegen.

Da die Musik hier, frei von äusseren Einflüssen, nach ihren eigenen Gesetzen schaltet, ist es hauptsächlich die Instrumentalmusik, welche diese Formen zur Geltung bringt: man bezeichnet sie daher auch gern als Formen der Instrumentalmusik. Doch ist ihr Einfluss auf die Vocalmusik besonders der genannten Meister sehr gross und leicht nachweisbar.

Im Gegensatz zu den contrapunktischen Formen heissen sie frei, weil sie jede Art von Tonsatz gestatten und weder an die Nachahmung noch an das hörbare Metrum der älteren Tonkunst gebunden sind, ohne jedoch die Anwendung dieser beiden grundsätzlich auszuschliessen.

Es ergiebt sich hieraus, dass die Ansprüche an das eigentliche selbstschöpferische Talent hier erheblich grösser sind, als in den vorangehenden Disciplinen, und dass Mancher, der mit leidlichem Geschick und Erfolg bis hierher vorgedrungen ist, an den Aufgaben der Formenlehre die Grenzen seiner Befähigung erkennt. Es ist eben eine andere Gabe, sich bestimmten Vorschriften mit mehr oder weniger Anstelligkeit zu fügen, als sich in freier Gestaltung selbständig zu ergehen. Den Stoff kann hier nur die natürliche Anlage geben. Deshalb folgt auch auf die elementaren Disciplinen der Harmonielehre und des strengen Satzes der freie Contrapunkt, welcher allmählich die Fesseln der ersteren löst und den Befähigten mit einer Fülle von künstlerischem Material versieht. Unbefähigte aber zur Composition zu erziehen ist weder Aufgabe noch Verdienst der Compositionslehre.

Es ergiebt sich aber ferner daraus, dass der Stil, dem diese Formen angehören, auf einer höheren Stufe künstlerischer Anschauung steht, als der ältere contrapunktische, den er übrigens in sich aufzunehmen vermag. Es geschieht daher keineswegs mit Unrecht, dass wir Deutsche, wie in der Poesie: Lessing, Goethe, Schiller, so in der Musik die drei Grossmeister gerade dieses Stiles: Haydn, Mozart, Beethoven vorzugsweise als unsere Classiker bezeichnen und in ihren Werken die höchsten Leistungen der Tonkunst bewundern.

Berlin im September 1878.

In der zweiten Auflage ist die »Formenlehre« im Ganzen dieselbe geblieben. Für Verbesserungen im Einzelnen bin ich Herrn O. Riemann, maître de conférences à l'école normale supérieure, in Paris zu Dank verpflichtet. In seiner Schrift »Mètres lyriques d'Horace etc.« hat er sich auf meine Arbeit bezogen. Seine sonstigen mir freundlichst brieflich mitgetheilten Bemerkungen haben besonders auf die neue Fassung der Abschnitte über die grosse Periode, die grosse zweitheilige Liedform, das gesungene Lied und den vierten Theil der Sonatenform bestimmend eingewirkt. Im Uebrigen beruhen die Verbesserungen und Zusätze auf meiner fortgesetzten Lehrthätigkeit und Beobachtung des öffentlichen Musiklebens.

Berlin im Mai 1894.

Ludwig Bussler.

Inhalts-Verzeichniss.

	Seite
Vorwort	III
Einleitung	XI

Formenlehre.
I. Die Elementar- und Liedformen.

A. Der Satz.

§ 1. Zweitakt oder Phrase 1
                Erste Aufgabe.

§ 2. Der Doppelzweitakt **4**
§ 3. Der viertaktige — kleine — Satz **5**
                Zweite Aufgabe.

B. Die Periode.

§ 4. Die kleine, achttaktige Periode 8
                1. Erste Form.
                Dritte Aufgabe 1.
                2. Zweite Form.
                Dritte Aufgabe 2.
                3. Dritte Form.
                Dritte Aufgabe 3.
                4. Vierte Form.
                Dritte Aufgabe 4.

C. Die kleinen Liedformen.

§ 5. Die kleine zweitheilige Liedform . . . . , . . 15

		Seite
	Erste Form	15
	Vierte Aufgabe 1.	
	Zweite Form A) in Dur	18
	Vierte Aufgabe 2.	
	B) in Moll	20
	Vierte Aufgabe 3.	
§ 6.	Der grosse — achttaktige — Satz und die grosse Periode	24
	1. tonisch selbständig	24
	Fünfte Aufgabe 1.	
	2. Vorder- und Nachsatz	26
	Fünfte Aufgabe 2.	
	3. Doppelsatz	29
	Fünfte Aufgabe 3.	
§ 7.	Die dreitheilige Periode	31
§ 8.	Die kleine dreitheilige Liedform	33
	Sechste Aufgabe.	

D. Die grossen Liedformen.

§ 9.	Die grosse zweitheilige Liedform	38
	Siebente Aufgabe.	
§ 10.	Die grosse dreitheilige Liedform	39
	Achte Aufgabe.	

E. Freiheiten der Construction.

§ 11.	Erweiterung	41
	Neunte Aufgabe 1.	
	Neunte Aufgabe 2.	
	Neunte Aufgabe 3.	
§ 12.	Verkürzung	49
	Zehnte Aufgabe.	
§ 13.	Zusammenfallen des Schluss- und Anfangstaktes .	52
§ 14.	Unregelmässige Taktverbindungen	54
	1. Dreitakt.	
	2. Fünftakt.	
§ 15.	Freiheiten der Modulation	56
§ 16.	Das Motiv und die thematische Arbeit	59

II. Angewandte Liedform.

A. Zusammengesetzte Liedform.

		Seite
§ 17.	Zusammengesetzte Liedform	63
§ 18.	Variation, Etüde, Präludium	64
§ 19.	Die eigentlichen Tanzformen	66
	Polka	67
	Galop	68
	Polka Mazurka	68
	Walzer	69

Elfte Aufgabe.

§ 20.	Die Marschformen	71
	Festmarsch	71
	Trauermarsch	81
	Polonaise	81
	Contretanz, Quadrille	82

Zwölfte Aufgabe.

§ 21.	Idealisirte Tanzformen	82
	Menuett.	
	Scherzo.	

Dreizehnte Aufgabe.

| § 22. | Besondere Formen | 91 |

Vierzehnte Aufgabe.

Fünfzehnte Aufgabe.

B. Die niederen Rondoformen.

§ 23.	Einführung	94
§ 24.	Rondo erster Form	95

Sechzehnte Aufgabe.

| § 25. | Rondo zweiter Form | 102 |

Siebzehnte Aufgabe.

| § 26. | Rondo dritter Form | 105 |

Achtzehnte Aufgabe.

| § 27. | Uebergangsformen | 110 |

C. Das gesungene Lied.

| § 28. | Das gesungene Lied | 111 |

Neunzehnte Aufgabe.

III. Die Sonatenform.

§ 29. Sonate und Sonatenform 117

A. Die Sonatine.

§ 30. Der erste Theil der Sonatinenform 118
        Zwanzigste Aufgabe.
§ 31. Der erste Theil der Sonatine in Moll 123
        Einundzwanzigste Aufgabe.
§ 32. Der dritte Theil der Sonatinenform in Dur . . 125
        Zweiundzwanzigste Aufgabe.
§ 33. Der dritte Theil der Sonatine in Moll 127
        Dreiundzwanzigste Aufgabe.
§ 34. Ausfall der Modulation im ersten Theil 131
§ 35. Der zweite Theil der Sonatinenform 132
        Vierundzwanzigste Aufgabe.

B. Die Sonate.

Der erste Theil der Sonatenform.

§ 36. Ausdehnung des Hauptsatzes 137
        a) durch Wiederholung meist mit Anhang
        b) durch Hinzufügung
        c) durch Periodenbildung.
        Fünfundzwanzigste Aufgabe.
§ 37. Der Vermittlungssatz 151
        a) dem Hauptsatz thematisch entlehnt . . . 153
        b) Selbständig 155
        c) a und b vereinigt 156
        Sechsundzwanzigste Aufgabe.
§ 38. Der Seitensatz 157
        Siebenundzwanzigste Aufgabe.
§ 39. Der Schlusssatz 161
§ 40. Der Anhang 163
§ 41. Die Ueberleitung 165
        Achtundzwanzigste Aufgabe.

Der dritte Theil der Sonatenform. Reprise.

§ 42. 167
        Neunundzwanzigste Aufgabe.
§ 43. Modulatorische Freiheit 171
§ 44. Modificationen der einzelnen Glieder im dritten
        Theile 172

Der zweite Theil der Sonatenform.

		Seite
§ 45.	Durchführungssatz	176
§ 46.	Die thematische Arbeit	176

Dreissigste Aufgabe.

Der vierte Theil der Sonatenform.

§ 47.	Beethovens Zusatztheil	182
§ 48.	Freiheiten der Sonatenform	184
	Freiheit der Modulation	184
	Dislocation der Theile	188
	Einleitung und Episode	189
	Wechsel des Taktes und Tempos	190
	Thematische Arbeit	190
§ 49.	Modification der Sonatenform im Finale	192

IV. Die höheren Rondoformen.
Schluss.

§ 50.	Die höheren Rondoformen	195
§ 51.	Die vierte Rondoform	195

Einunddreissigste Aufgabe.

§ 52.	Die fünfte Rondoform	198

Zweiunddreissigste Aufgabe.

§ 53.	Die grossen Formen im langsamen Tempo	202

Dreiunddreissigste Aufgabe 1.

§ 54.	Die Sonate als selbständige und zusammengesetzte Kunstform	211

Dreiunddreissigste Aufgabe 2.

§ 55.	Suite. Sinfonische Dichtung	215
§ 56.	Vorkommen der Instrumentalformen im Vocalsatz	216

Einleitung.

1. Die Formenlehre setzt die Lehre vom Tonsatz in Harmonie und Contrapunkt voraus. Ihre Ineinsverarbeitung mit diesen würde nicht allein die Klarheit des Lehrganges beeinträchtigen, sondern auch den Schüler verwirren und in seiner Entwickelung hemmen.

2. Die Aufgabe, um die es sich hier handelt, ist die Construction: die Zusammenstellung gleicher, ähnlicher und verschiedener Gedanken zu einem organisch geschlossenen Ganzen, welches in der Musik mit dem sehr allgemeinen Ausdruck: Satz bezeichnet wird, in concreterer Bestimmung aber Form genannt wird.

3. Die Construction heisst insofern frei, als sie weder, wie im Contrapunkt, an die Nachahmung noch, wie in den älteren Formen der Oper und Instrumentalmusik, an das hörbare Metrum gebunden ist. Doch können die Formen jede Art contrapunktischen Satzes in sich aufnehmen, und das hörbare Metrum ist keineswegs von ihnen ausgeschlossen, da auch die Tanzformen zu ihnen gehören.

4. Die Mannigfaltigkeit der Formen ist ausserordentlich gross. Die Lehre kann sich daher nur mit denjenigen beschäftigen, welche als Hauptformen allen übrigen zu Grunde liegen. Unter diesen verdienen wieder die Elementarformen und die Sonatenform die meiste Beachtung, die ersteren, weil sie die kleinsten Theile aller Formen bilden, die letztere, weil sie an Mannigfaltigkeit, Reichthum und Vielseitigkeit alle anderen übertrifft.

5. **Mozart** und **Haydn** brachten diese Formen zu absoluter Vollkommenheit. **Beethoven** bereicherte und erweiterte sie durch die grössere Fülle und Mannigfaltigkeit seines **harmonischen Satzes**, durch seine bahnbrechenden Schöpfungen im Gebiet des Instrumental-Colorits und durch seine Ausbildung der thema-

tischen Arbeit, welche ein Aequivalent des früheren contrapunktischen Stiles bietet. So vereinigt er gewissermassen unter dem höheren Gesichtspunkt der freien rhythmischen Construction alle bisherigen Richtungen der Tonkunst, und ist dadurch recht eigentlich der Meister der modernen Kunst, aus dessen Werken vorzugsweise die Muster derselben zu entnehmen sind.

6. Zur wesentlichen Erleichterung der gleichzeitigen Unterweisung Mehrerer in der Formenlehre dient die hier überall berücksichtigte Verwendung der ersten, sich in geringem Umfange bewegenden Arbeiten zur Herstellung der umfangreichen späteren, da die wenigsten Schüler im Stande sind, zu diesen Aufgaben immer neues Material zu bilden, ohne flüchtig und nachlässig zu werden.

Anmerkung. Die erste systematisch vollständige Formenlehre gab A. Reicha († 1836 zu Paris). C. Czerny († 1857 zu Wien) übersetzte dieselbe in's Deutsche, und erläuterte sie mit besonderer Rücksicht auf Beethoven. A. B. Marx († 1866 zu Berlin) verbesserte die allzu abstracte Terminologie seiner Vorgänger, indem er sie dem allgemeinen (deutschen) Sprachgebrauch näherte, und erwarb sich um Verbreitung und Verständniss dieser Lehre grosse Verdienste.

Formenlehre.

I. Die Elementar- und Lied-Formen.

A. Der Satz.

§ 1.
Zweitakt oder Phrase.

Um die Taktart eines musikalischen Satzes dem Gehör verständlich zu machen, ist mindestens erforderlich, dass dieser Satz die Dauer eines Taktes überschreite. Denn erst die Wiederkehr der gleichen Momente der Taktart (derselben Takttheile) im zweiten Takt, macht dem Ohre die Taktart erkennbar.

Eine Tonfolge, welche, indem sie das Mass eines Taktes überschreitet, die Taktart dem Gehör verständlich macht, bezeichnen wir als **Zweitakt** oder **Phrase.**

Der Zweitakt bildet das Grundelement unserer gesammten classischen Instrumentalformen, so dass man den grössten Theil der Compositionen, welche diesen angehören, ohne Mühe in Zweitakte zerlegen kann.

Eines besonderen Beleges bedarf diese Behauptung hier nicht, da die im ganzen vorliegenden Buche enthaltenen Beispiele einen solchen geben werden.

Wir unterscheiden dreierlei Zweitakte:

1. solche, die den Raum von zwei Takten vollständig ausfüllen, und zwar durch Töne, wie z. B.*)

---

*) Da die Bekanntschaft der hier angezogenen Meisterwerke vorausgesetzt werden darf, ist es zulässig, sie grösstentheils nur im melodischen Auszug zu geben und dadurch erheblich an Raum zu gewinnen. Ohne diese Voraussetzung wäre es nicht gerathen, die Mittheilung auf den melodischen Auszug zu beschränken, da das Auseinanderzerren des concreten Kunstwerkes nach abstrakten (Lehr-) Begriffen eine ästhetische Unwahrheit einschliesst und die jugendliche Phantasie auf Abwege einer verderblichen Abstraktion lenken kann. Der junge Componist hat also stets den melodischen Auszug zum Ganzen des Kunstwerkes aus dem Gedächtniss oder dem Original zu vervollständigen.

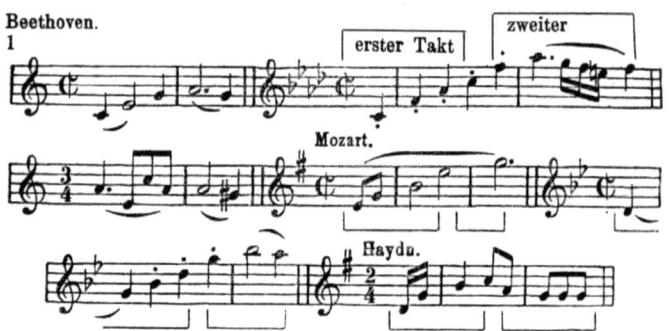

2. solche, die den zweiten Takt nicht ausfüllen, sondern ihn entweder durch **Pausen** ergänzen, oder den Rest desselben für die Anknüpfung eines neuen Gedankens frei lassen.

a) Durch Pausen ergänzend:

b) Fernerer Anknüpfung frei lassend:

3. solche, welche in das Folgende (den dritten Takt) hinüberleiten, wie:

Bei mehreren dieser Beispiele ist durch Klammern darauf hingewiesen, dass das Ohr den Takt nicht von Taktstrich zu Taktstrich, sondern vom ersten Ton bis zur Vollendung des Taktwerthes zählt. Beginnt also ein Musikstück mit dem Auftakt, so wird der Taktwerth von diesem an gerechnet. Vgl. Elmtrl. 6. Aufl. § 93, S. 55.

Viele Zweitakte zerfallen in zwei eintaktige Gedanken:

Solche Zweitakte werden in der metrischen Zifferschrift*), wo es wünschenswerth scheint, auf diese Eintheilung hinzuweisen, durch 2×1 bezeichnet.

---

*) Metrum ist die Eintheilung in Takte, Verbindung und Theilung der Takte nach Zahlbegriffen. Rhythmus ist die Bewegung der Musik auf Grund dieser Eintheilung in bestimmten, mannigfach verschiedenen Längen und Kürzen. Die Metrik wird in der Musiklehre vertreten durch die Taktarten, die Rhythmik durch die Notengattungen. Beispielsweise ist der Taktschlag 1, 2, 3, 4 ein Metrum, aber die Bewegung: ♩ ♩ ♩ ♩ ♩ welche auf Grund dieses Metrums geschieht, ist ein Rhythmus.

Erste Aufgabe.

Bilde sehr zahlreiche Zweitakte aller drei Arten, vorzugsweise der ersten.

Dieselben sind in vollständiger harmonischer Ausführung für Klavier (einzelne nach Belieben für Streichquartett, Harmonium, Orgel, auch wohl Vocalsatz) zu geben, die gelungensten auszuwählen, und behufs späteren Gebrauchs zu numeriren. Es sind dabei alle Haupttempi zu berücksichtigen. Auch soll man sich bei dieser und den folgenden Aufgaben durch charakteristische Eigenschaften anregen lassen, z. B. ländlich, religiös, betrübt, munter etc. schreiben. Hier folgen drei Beispiele von Beethoven, zu jeder Art eines.

Muster.

§ 2.
Der Doppelzweitakt.

Die blosse Wiederholung eines Zweitaktes wird in der metrischen Zifferschrift nicht als Viertakt sondern als Zweimalzweitakt (2×2) bezeichnet.

Dem entsprechend nennen wir eine solche Wiederholung Doppelzweitakt oder Doppelphrase.

Die Bedeutung dieser Bezeichnungen und Benennungen für die Compositionstechnik wird sich bei den grösseren Constructionen zeigen.

Nichtsdestoweniger kommt es hier, als in der **praktischen Kompositionslehre**, nicht darauf an, die **Begriffe** der Formbildung bis ins Einzelnste genau zu bestimmen. Dies ist vielmehr **Aufgabe der Wissenschaft der Musik**. Hier werden die Begriffe **nur als Lehrbegriffe**, d. h. als Hülfsmittel der Bezeichnung gebraucht, und gerade soweit bestimmt, wie es der technische Zweck verlangt.

Zu den Wiederholungen werden auch solche Veränderungen gezählt, welche nur den tonischen, nicht aber den rhythmischen Inhalt betreffen, wofern nur die Aehnlichkeit noch ins Ohr fällt, wie z. B. hier:

Auch rhythmische Veränderungen sind bei der Wiederholung zulässig, wenn sie nicht die Hauptpunkte treffen, sondern sich auf untergeordnete Momente beschränken. Letzteres geschieht z. B. bei Verzierungen, figurativen Ausschmückungen und dergleichen.

§ 3.
Der viertaktige — kleine — Satz.

Jede andere Ausdehnung über vier Takte bildet den **viertaktigen oder kleinen Satz**. Auch dieser ist entweder **ausgefüllt, nicht ausgefüllt** oder **überleitend**, und richten sich diese Bestimmungen nach der Beschaffenheit seines letzten Taktes.

1. Ausgefüllt:

2. Nicht ausfüllend:

Zuletzt bleibt ein Viertel des Viertaktes frei, welches zu neuer Anknüpfung dient.

3. Ueberleitend:

In der Zifferschrift wird der kleine Satz durch 4 bezeichnet In Fällen, wo es auf genaue Bestimmung seiner inneren Gliederung ankommt, durch $2 + 2$, $(2 \times 1) + 2$ u. dgl.

Zweite Aufgabe.

Bilde — sehr zahlreiche — viertaktige Sätze 1. durch Ergänzung der numerirten Zweitakte der ersten Aufgabe, und zwar eines jeden auf mehrfache Art,

2. neue.

Kleine Periode. § 4.

Muster.

B. Die Periode.

§ 4.
Die kleine, achttaktige Periode.

Die unveränderte Wiederholung desselben Satzes durch Wiederholungszeichen ergiebt keine neue Form. Die ausgeschriebene oder veränderte Wiederholung giebt einen Doppelsatz.

Verändert man aber den Satz in der Wiederholung so, dass er zu dem ersten einen harmonischen Gegensatz bildet, der den beiden Sätzen das gegenseitige Verhältniss von **Vorder**- und **Nachsatz** gibt, so entsteht die Periode.

Dieses Verhältniss wird durch die Verschiedenheit der Schlüsse beider Sätze hergestellt.

1. Erste Form.

Der **Vorder**satz bildet einen **Halbschluss** auf der Oberdominante, der **Nach**satz bildet einen vollkommenen **Ganzschluss** auf der Tonika.

Kleine Periode. § 4.

Dritte Aufgabe.

Bilde — zahlreiche — achttaktige Perioden mit und ohne Benutzung der früheren Arbeiten:

1. nach der ersten Form.

2. Zweite Form.

Der Halbschluss des Vordersatzes verschärft sich zu einem mehr oder weniger vollkommenen Ganzschluss auf der Oberdominante.

Dritte Aufgabe.

2. Bilde eine Anzahl Perioden zweiter Form, zum Theil durch Veränderung der ersten Form.

Kleine Periode. § 4.

Nachsatz.

Maestoso andante.

Das früher hier stehende Thema des Scherzo der Asdur-sonate unterscheidet sich wie das des Scherzo der Cismoll-sonate von eigentlichen Doppelsätzen nur durch das harmonische Verhältniss Dominante-Tonica, welches aber bei diesen nicht nur den Schlüssen, sondern den ganzen Sätzen zufällt. Der erste steht in der Dominante, der zweite in der Tonica.

3. Dritte Form.

An die Stelle des Halbschlusses oder des Oberdominantschlusses im Vordersatz tritt ein unvollkommener, ausnahmsweise auch vollkommener Ganzschluss auf dem tonischen Dreiklang.

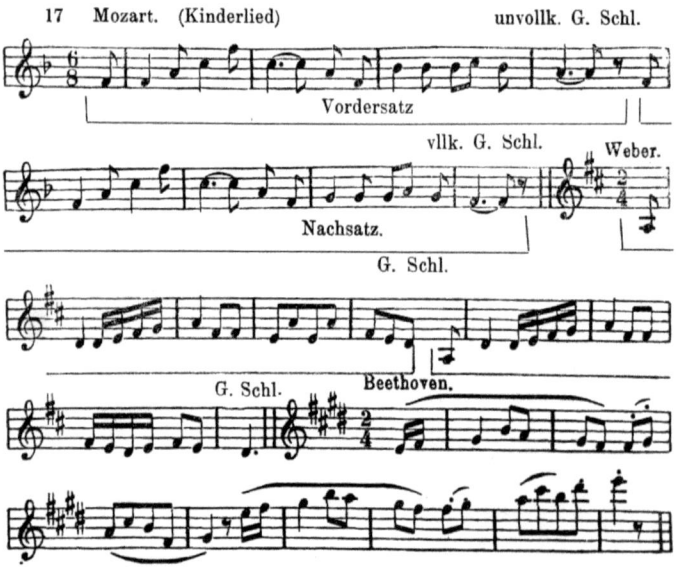

Kleine Periode. § 4.

Dritte Aufgabe.

3. Bilde einige Perioden dritter Form.

Muster.

4. Vierte Form.

Der Nachsatz entspricht nicht ganz genau, sondern nur annähernd dem Vordersatz. Er ist ihm nicht gleich, sondern ähnlich.

14 Kleine Periode. § 4.

Dritte Aufgabe.

4. Bilde einzelne Perioden vierter Form.

Muster.

Der junge Componist, der hier dem Studium der musikalischen Formen obliegt, wird neben der Ausarbeitung seiner Aufgaben ein sorgfältiges Augenmerk auf alle ihm im praktischen Musikleben begegnenden Formen haben und sich dieselben jederzeit nach den Lehrbegriffen zu erklären suchen. Auch darf ja vorausgesetzt werden, dass er einen Schatz klassischer Musik im Gedächtniss trägt, aus dem er für jede Form Muster entnehmen kann, ohne erst Partituren aufschlagen zu müssen. Jede Musikgattung, in der sich unsere Meister bewegt haben, bietet hierzu Stoff, nicht etwa die Instrumentalmusik ausschliesslich, sondern auch die Vocalmusik, Oper und Oratorium.

Als selbständige Kunstform erscheint die Periode nur in kleinen Liedern wie »Ueb' immer Treu und Redlichkeit«, »Es steht ein Baum im Odenwald«, »Leise zieht durch mein Gemüth« (mit geringer Schlussdehnung) u. a.

C. Die kleinen Liedformen.

§ 5.

Die kleine zweitheilige Liedform.

Die blosse Wiederholung einer Periode, sei es auch mit Aenderungen (Variationen), ergibt keine höhere Form. Dagegen gibt die Verknüpfung einer achttaktigen Periode mit einem dem Inhalt nach verwandten zweiten Theil von gleicher Länge die kleine zweitheilige Liedform, deren gewöhnliches Schema $(2 \times 4) + (4 + 4)$ ist.

Der Vordersatz des zweiten Theiles bekommt neuen oder doch abweichenden Inhalt, während der Nachsatz des zweiten Theiles dem Nachsatz der ersten gleichlautet oder ähnlich ist. Die ähnlichen Sätze durch *a*, den unähnlichen durch *b* bezeichnet: *a a b a.*

Erste Form.

Erster Theil: genau wie die zur vorigen Aufgabe gebildeten Perioden die also auch hier benutzt werden können und sollen.

Zweiter Theil: Vordersatz, mehr oder weniger abweichenden Inhaltes, bildet Halbschluss auf Oberdominante, ausnahmsweise eine der im vorigen Paragraphen unter 2, 3 gegebenen Schlüsse. Nachsatz gleich oder ähnlich dem Nachsatz des ersten Theiles.

Kleine zweitheilige Liedform. § 5.

Vierte Aufgabe.

1. Bilde hiernach, theils aus den Perioden der vorigen Aufgabe, theils mit neuem Stoffe, — sehr zahlreiche — kleine zweitheilige Liedformen.

Muster.

Nachsatz.

Hier ist der Nachsatz des zweiten Theiles dem Nachsatz des ersten Theiles nicht völlig gleich, sondern nur ähnlich. Gleich sind die beiden Nachsätze in der kleinen zweitheiligen Liedform, zu welcher Beethoven die unter No. 14 gegebene Periode (Allegretto) zum zweitheiligen Liedersatz vervollständigt. Siehe Klaviersonate op. 7, Es dur, Finale.

Auch das Rondo der Sonatine op. 49, No. 1, G moll, beginnt mit einem zweitheiligen Liedsatz dieser Form.

Zweite Form.

A. in Dur.

Der erste Theil schliesst mit einem **Ganzschluss** in der Tonart der **Oberdominante**, modulirt also in diese. Der zweite Theil bildet sich wie in der ersten Form, und schliesst in der Tonica.

Vierte Aufgabe.

2. **Kleine zweitheilige Liedsätze zweiter Form in Dur.**

Kleine zweitheilige Liedform. § 5.

Muster:

B. in Moll.

In Moll schliesst der erste Theil entweder in der **Molltonart der Oberdominante** (a moll in e moll, c moll in g moll etc.) oder in der **parallelen Durtonart**, (a moll in C dur, c moll in Es dur etc.).

Kleine zweitheilige Liedform. § 5.

Muster.

22 Kleine zweitheilige Liedform. § 5.

Ebenso die sich unmittelbar anschliessende, zu der vorigen contrapunctirte Melodie:

Kleine zweitheilige Liedform. § 5. 23

Vierte Aufgabe.

3. Bilde hiernach zweitheilige Liedformen in Moll.

Ebenso wie die Wiederholung einer Phrase keinen Satz, die Wiederholung eines Satzes keine Periode ergibt, ergibt auch die Wiederholung einer Periode kein Lied, wenn die Wiederholung auch nicht (wie in den bisherigen Beispielen) eine wörtliche, nur durch Wiederholungszeichen angegebene ist, sondern characteristische Unterschiede zeigt.

So beginnt das Scherzo der Asdursonate op. 26 von Beethoven mit einer dem Doppelsatz nahe verwandten (S. 11) achttaktigen Periode, welche sich sofort rhythmisch variirt wiederholt, aber nur eine wiederholte Periode, kein Lied darstellt.

Dergleichen Wiederholungen finden sich in zusammenhängenden Compositionen häufig, und sind von höheren Formen wohl zu unterscheiden. Auch das Allegretto der Cismollsonate zeigt eine solche ausgeschriebene, durch Bindungen veränderte, rhythmisch gesteigerte Wiederholung:

 statt

Auch in dem schönen Adagio der Cmollsonate für Klavier und Violine bildet die Darstellung des Themas durch die Violine nur Wiederholung der Periode, keine Liedform.

Anmerkung zur zweiten Form in Dur. In Dursätzen schliesst zuweilen der erste Theil in der Molltonart der Obermediante. (Cdur in Emoll, Asdur in cmoll, Fisdur in aismoll.)

§ 6.
Der grosse — achttaktige — Satz und die grosse Periode.

Zwei aneinandergereihte Sätze verschiedenen Inhaltes, ohne harmonische und rhythmische Correspondenz, bilden keine Periode, sondern einen achttacktigen Satz.

1. Solche Sätze sind oft in sich tonisch selbständig abgeschlossen, wie

Grosser Satz und grosse Periode. § 6.

Je weniger die Eintheilung in's Ohr fällt, desto vollkommener erscheint die grosse Satzform. Im gemessenen Tempo bildet sie die edelste Form der Constitution.

30 Beethoven.

Der Schüler widme ihr besonders fleissige Uebung.

Schon in dem Trio C moll, op. 1, erprobte Beethoven die Macht dieser Construction im zweiten Thema des Finales.

Fünfte Aufgabe.

1. Bilde hiernach zahlreiche achttaktige, tonisch abgeschlossene Sätze.

Muster.

Beethoven.
Allegro.

31

$4 + (2 \times 2)$

$(2 \times 1) + (2 \times 2) + 2$

Andere Muster bieten die Erläuterungsbeispiele.

2. Die achttaktigen Sätze verbinden sich zu einer grossen sechzehntaktigen **Periode**, indem sie die Stellung von **Vorder-** oder **Nach**sätzen einnehmen.

Hier haben wir einen achttaktigen Vordersatz, der aus zwei Untersätzen besteht, von denen jeder einen viertaktigen Vordersatz darstellt. Wir haben hier gleichsam einen doppelten Vordersatz, zwei zu einem verbundene Vordersätze. Diesem schliesst sich im vorliegenden Falle ein ebenso construirter Nachsatz an, welcher den ganzen Vordersatz wiederholt, nur in den beiden letzten Takten tonisch abschliesst.

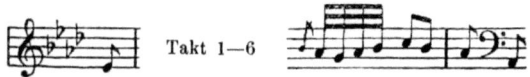

So ist eine grosse — sechzehntaktige — Periode hergestellt.

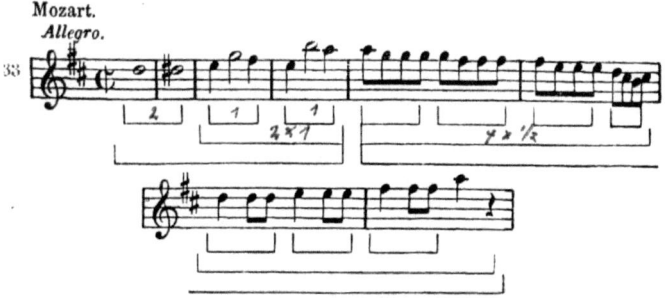

Vorstehender Anfang des Allegro der Don Juan-Ouverture bildet ebenfalls einen zusammengesetzten Vordersatz, der durch den Nachsatz zur Periode vervollständigt wird.

Durch die lebhafte Rhythmik des Schlusses knüpft die Periode gleich an das Folgende an, ein Verfahren, welches den höheren Formen, besonders im Allegro, das Vorwärtsdrängende, Spannende und Festgeschlossene gibt, welches ihren ästhetischen Charakter ausmacht.

Der grosse achttaktige Satz ersetzt in allen höheren Formen gelegentlich die kleine achttaktige Periode.

28 Grosser Satz und grosse Periode. § 6.

Fünfte Aufgabe.

2. Bilde a) aus den vorigen selbständigen Achttakten achttaktige **Vordersätze**;

b) vervollständige sie, durch Anhängen des tonischen Achttaktes, zu sechzehntaktigen Perioden;

c) bilde dergleichen neu.

Periodisirende Doppelsätze. § 6.

3. Kleiner Doppelsatz an Stelle des grossen Satzes.
Zu den Doppelsätzen und nicht zu den Perioden rechnet man solche Achttakte, welche zwar thematische Correspondenz zeigen, aber durch gleichmässige Construction und gleiche melodische, gewissermassen in gleicher Richtung fortschreitende Bewegung mehr der Wiederholung als der Periodicität entsprechen. In der Regel bilden sie auch keine vollkommenen Schlüsse, doch kann dies ausnahmsweise vorkommen.

30   Periodisirende Doppelsätze. § 6.

Beide werden als erste Hälfte eines Vordersatzes behandelt. Bei Mozart oft. Das Allegro der Egmont-Ouverture von Beethoven beginnt ebenfalls mit einem solchen Satz.

Doppelsatz und zugleich Vordersatz (also Vorder-Doppelsatz, Doppelsatz mit Halbschluss) ist folgender Anfang des Pilgerchors aus Tannhäuser:

Der Charakter der Satzwiederholung im Gegensatz zur Periodisirung tritt noch mehr hervor, wenn beide Untersätze Halbschlüsse bilden, wie im folgenden Thema von Mendelssohn's Amoll-Sinfonie.

Fünfte Aufgabe.

3. Bilde Sätze dieser Art nach vorstehenden Mustern.

Anmerkung. Es ist klar, dass der zweite Theil der Liedform nicht eigentlich eine Periode ist, wenn er auch wegen der harmonischen Correspondenz zuweilen so genannt, und seine Glieder als Vorder- und Nachsatz bezeichnet werden.

§ 7.

Die dreitheilige Periode.

Kleine Perioden aus drei viertaktigen Sätzen sind in der Instrumentalmusik äusserst selten. Ein Beispiel bietet das Thema des zweiten Satzes der Fisdursonate, op. 78.

Häufiger im gesungenen Lied. Beispiele sind: Blücherlied: »Was blasen die Trompeten«, nach § 5: *a b a*, »Ich hatt' einen Kameraden«, »Drunten im Unterland«, »O Tannenbaum«, »Stille Nacht, heilige Nacht«.

Häufiger sind grosse dreitheilige Perioden in vorherrschend folgender Construction:

Vordersatz: 8 Takte, erster Theil.
Mittelsatz: 8 Takte, zweiter Theil.
Nachsatz: 8 Takte, dritter Theil.

Hier ein Beispiel aus einer Jugendarbeit von Mozart, bei dem man jedoch eine kleine Unregelmässigkeit mit in Kauf nehmen muss, nämlich die Verlängerung des zweiten Satzes von acht auf neun Takte, welche im Lehrgang erst später zur Sprache kommen kann.

Grosse dreitheilige Periode.

Andere Beispiele solcher grossen dreitheiligen Perioden sind das Thema der Emollsonate op. 90, das Trio der Adursonate op. 2 (*a a a*), der Marsch aus »Judas Makkabäus« u. a., in welchen die Periodicität des ersten und dritten Theiles ausgeblieben ist, und grosse Sätze an die Stelle kleiner Perioden getreten sind, was beim zweiten Theil (Mittelsatz) regelmässig der Fall ist.

Da sie gleichen Umfang und Haupteintheilung haben, zählt man sie gewöhnlich zu den dreitheiligen Liedformen. Notenbeispiele finden sich daher hier zu den Aufgaben der kleinen dreitheiligen Liedform.

§ 8.

Die kleine dreitheilige Liedform.

Im dreitheiligen Lied tritt zwischen die gleichen oder ähnlichen äusseren Theile ein Mittelsatz von gleicher Ausdehnung. Dieser eingeschaltete Theil hat nur ausnahmsweise Periodenform, meist, zu Gunsten der Mannigfaltigkeit der Construction, irgend eine achttaktige Satzform.

Wir nennen die drei Theile dieser Liedform nach ihrer Folge

Ersten ⎫
Zweiten ⎬ Theil. *a* Periode.
Dritten ⎭ *b* Grosser Satz.
              a Periode.

Der gewöhnliche Sprachgebrauch dagegen bezeichnet den zweiten und dritten zusammen als zweiten Theil, weil sie als solcher häufig wiederholt werden und gemeinsam zwischen Wiederholungszeichen stehen.

Erster Theil.

Vordersatz: Halbschluss; unvollkommener, ausnahmsweise vollkommener Ganzschluss der Tonica; Ganzschluss der Oberdominante.

C dur: Halbschluss auf G; C; G dur.
C moll: Halbschluss auf G; C; G dur.

34. Kleine dreitheilige Liedform. § 8.

Nachsatz: Tonica; Tonart der Oberdominante; Tonart der Obermediante in Moll. In Moll: Tonica; Oberdominanttonart in Moll; Parallele.

C dur: C, G, e.
C moll: c, g, Es.

Dritter Theil.

Vordersatz: Ebenso wie in der ersten Periode, doch Halbschluss noch mehr vorherrschend.

Nachsatz: Tonica.

Man sieht, dass erster und dritter Theil unter Umständen völlig gleich sein können.

Der zweite Theil,

den die dreitheilige Liedform zwischen diesen beiden Theilen einschaltet, endet in der Regel mit einem Halbschluss, um den dritten Theil einzuführen.

Je mehr erster und dritter Theil einander gleich sind, desto mehr ist es zulässig, dem zweiten Theil neuen Inhalt zu geben.

Jeder der drei Theile kann statt der Periodenform eine der grossen Satzformen haben. (Vgl. § 7.)

Zeige an einer einzigen einstimmigen Melodie alle bisher angegebenen Bildungen der Form.

Sechste Aufgabe.

Bilde hiernach kleine dreitheilige Liedsätze, theils aus früheren Arbeiten, theils neue.

Muster.

Kleine dreitheilige Liedform. § 8.

---

*) Hier fehlen zwei Takte durch Verkürzung. Vgl. § 12. Diese Freiheit soll aber hier noch nicht nachgeahmt werden. Das Beispiel ist wegen der klaren Bildung des zweiten Theiles hier dennoch gewählt.

36 Kleine dreitheilige Liedform. § b.

Kleine dreitheilige Liedform. § 8.

Ein sehr populäres Beispiel der kleinen dreitheiligen Liedform ist der Rundgesang »Freuet euch des Lebens« aus Periode, Satzverbindung $(2 \times 2) + (2 + 2)$, Wiederholung der ersten Periode bestehend.

Das Trio der Sonate D dur, op. 28, enthält sechsmal denselben Satz in bewundernswürdiger harmonischer Veränderung zu drei kleinen Perioden zusammengefasst.

D. Die grossen Liedformen.

§ 9.

Die grosse zweitheilige Liedform.

Aus zwei achttaktigen Sätzen bildet sich die 16-taktige Periode, aus zwei 16-taktigen Theilen die 32-taktige grosse zweitheilige Liedform. Es ist dieselbe Construction *a a b a* wie die kleine zweitheilige Liedform in doppelter Länge der vier Sätze. Das geeignetste Beispiel wäre hier das Thema der Variationen der As dursonate op. 26, vgl. No. 32, S. 26, wenn nicht der Vordersatz der zweiten Periode (Mittelsatz) um zwei Takte verlängert wäre.

Durch Wiederholung der Theile, sei es dass diese nur durch Zeichen angegeben wird, sei es dass sie variirt und deshalb ausgeschrieben ist, erhöht sich die Zahl der Takte auf 64. Ein solches durch Wiederholungen 64 taktiges Lied bildet z. B. der A dursatz im Finale der A mollsonate von Mozart.

42

Periode von 16 Takten in Wiederholungszeichen geschlossen: 32 Takte.

Der zweite Theil beginnt:

43

und schliesst nach 8 Takten, worauf sich der zweite Nachsatz von 8 Takten anschliesst: 16 Takte; gemeinsam wiederholt: 32 Takte. Summa 64 Takte. Vergleiche auch »Anmerkung« zur ersten Rondoform.

Siebente Aufgabe.
Bilde Sätze in zweitheiliger grosser Liedform.

§ 10.
Die grosse dreitheilige Liedform.

Wie sich aus zwei grossen 16-taktigen Theilen die zweitheilige grosse Liedform ergab, so ergibt sich aus der Zusammenstellung von drei solchen Theilen die grosse dreitheilige Liedform.

Die harmonischen Beziehungen der Theilschlüsse untereinander bleiben dieselben, wie sie zuletzt in § 8 zusammengestellt worden sind, wie überhaupt die Form nur eine Ausdehnung der kleinen dreitheiligen ist.

In den gewöhnlichen Tanzformen (vgl. Abschnitt II) wird die zweite Periode populär als zweiter Theil bezeichnet, und bildet ohne thematische Anknüpfung meist einen ganz selbständigen Satz in der Oberdominante, dem die wörtliche Wiederholung des ersten Theiles folgt.

In den höheren Musikformen, wo der zweite Theil thematisch an den ersten anknüpft, nimmt er selten die Form der Periode an, häufiger die aneinandergereihter Sätze. Es ergibt sich dies naturgemäss aus dem Bedürfniss verschiedener Construction der Theile bei thematischer Verwandtschaft.

Auch der erste und dritte Theil gehen nicht selten in die Unähnlichkeit des Nachsatzes so weit, dass sie nicht eigentlich Perioden, sondern Verbindungen von zwei 8taktigen Sätzen zu einem grossen 16taktigen Doppelsatz bilden. Ganz freie Constructionen werden wir unter »Scherzo« kennen lernen.

Die grosse dreitheilige Liedform ist die vorherrschende unter den Liedformen. So gehört ihr z. B. die Mehrzahl der Menuetten und Scherzo's der klassischen Sinfonien, Quartetten und Quintetten, Sonaten für ein oder mehr Instrumente an. Doch ist in fast allen diesen Sätzen die Form durch Erweiterungen und Kürzungen ein wenig, oft ganz unwesentlich, modificirt. Wir geben deshalb hier ein Beispiel von einem neueren Meister, das Trio aus Mendelssohn's A dur-Sinfonie, weil dieses die Eintheilung in dreimal sechzehn Takte genau einhält, überdies auch durch seinen Inhalt den klassischen Meisterwerken würdig zur Seite steht.

40 Grosse dreitheilige Liedform. § 10.

Mendelssohn. Erster Theil.

44

Vordersatz. Kleiner Doppelsatz von 8 Takten

Nach-

von hier an melodischer Auszug, der aus dem Original zu ergänzen ist.

satz. Grosser Satz.

Zweiter Theil

Dritter Theil.

wie der erste Theil, 16 Takte.

Die Bevorzugung von Arbeiten für Streichquartett ist von hier ab rathsam, weil der Klaviersatz leicht zu nachlässiger Stimmführung verleitet.

Achte Aufgabe.

Bilde grosse dreitheilige Liedsätze.

E. Freiheiten der Construction.

§ 11.

Erweiterung.

Ohne im Ganzen die Form zu verändern, findet sich häufig Erweiterung eines Theiles durch einen Zusatz, der sich aus dem Zusammenhang ergibt. Eines der einfachsten Beispiele bietet das No. 13 gegebene Thema aus Mozart's A dur-Sonate. Anstatt den zweiten Theil genau so zu schliessen, wie den ersten, gibt der Componist ihr einen unvollkommenen Ganzschluss, und hängt dann den vollkommenen mit einer Phrase von zwei Takten an.

Beethoven hängt an den Schluss des zweitheiligen kleinen Liedsatzes (No. 19),

einen ganzen Satz von sieben Takten:

42   Erweiterung. § 11.

In dem Rondo derselben Sonate, vgl. No. 34,

verlängert er auf ganz dieselbe Weise, wie Mozart in dem oben angeführten Beispiel, den Schluss des Nachsatzes um zwei Takte:

Eine ähnliche Erweiterung zeigt das Thema des Largo appassionato der Adur-Sonate op. 2:

Hier führt aber der Componist den Nachsatz des zweiten Theiles erst in die Unterdominante, ehe er den Schluss folgen lässt. Dadurch dehnen die vier Takte des Nachsatzes sich zu sieben aus.

Die bisherigen Dehnungen beschränken sich auf den Zusatz weniger Takte. In der Asdur-Sonate op. 26 finden wir aber im Trio eine zweitheilige Liedform, deren zweiter Theil sich zu der doppelten Länge dehnt, — statt 8 Takte 16 Takte zählt, — also der grossen Periodenform angehört. Sätze, wie dieser, halten also die Mitte zwischen grosser und kleiner Liedform, sind aus Bestandtheilen beider zusammengesetzt.

Neunte Aufgabe.

1. Einige der zur vierten Aufgabe componirten kleinen zweitheiligen Liedsätze sind hiernach durch Erweiterung umzugestalten.

Bei der kleinen dreitheiligen Liedform finden sich Erweiterungen derselben Art. So erweitert sich im Allegretto der Fdur-Sonate, op. 10, der dritte Theil zunächst durch eine eingeschaltete Imitation um zwei Takte:

dann werden auch die letzten vier Takte in der tieferen Octave wiederholt:

und endlich ein Schlusssatz (oder Periode?) von acht Takten angehängt:

Somit dehnt sich der dritte Theil dieser kleinen dreitheiligen Liedform durch Einschaltung, Wiederholung und Anhang beinahe zur dreifachen Länge aus, statt 8 Takte 22 Takte bildend.

Aehnlich geschieht es mit dem Mittelsatz des Scherzo der Adur-Sonate op. 2.

Dieses Motiv beherrscht den ersten Theil, der wiederholt wird.

Der zweite Theil modulirt darauf mit demselben Motiv von A dur in acht Takten bis gis moll, worauf er noch eine Cadenz in zwei Takten in dieser Tonart anreiht. Dann aber bildet sich in Gis moll ein ganz neuer Satz, der mit dem achten Takte diese Tonart verlässt, um in fünf Takten nach A dur zurück zu moduliren:

Hierauf folgt regelrecht als dritter Theil der erste, aber mit einem Anhang von vier Takten.

Im Rondo der E moll-Sonate op. 90 ist die kleine dreitheilige Liedform regelmässig durchgeführt, aber — der Mittelsatz wiederholt sich;

Erweiterung. § 11.

57 Mittelsatz.

während Vorder- und Nachsatz (vgl. No. 17) ohne Wiederholung bleiben.

Beiläufig sei bemerkt, dass wir hier eine kleine dreitheilige Liedform haben, deren jeder Theil einen vollkommenen tonischen Ganzschluss macht, der zweite Theil, in Folge der Wiederholung, sogar zweimal.

Neunte Aufgabe.

2. An einigen früher componirten kleinen dreitheiligen Liedsätzen Erweiterungen vorzunehmen.

Erweiterung der grossen zweitheiligen Liedform zeigt das Adagio der G dur-Sonate op. 31. Der Schluss des ersten Theiles ist hier im sechzehnten Takt, wo denn auch der Vordersatz des zweiten anhebt.

Dieser Vordersatz des zweiten Theiles hat statt acht Takte, zehn, und macht im zehnten noch eine weitläufige Cadenz,

die in den regelmässig achttaktigen Nachsatz zurückführt.

Aehnlich ist in dem Thema der Variationen, mit welchen die As dur-Sonate op. 26 beginnt der Mittelsatz, Vordersatz des zweiten Theiles, um zwei Takte gedehnt:

Trugschluss. Anhang.

Die Erweiterung kann natürlich jeden Theil der grossen zweitheiligen Liedform treffen, doch werden dem jungen Componisten diese beiden Beispiele genügen.

Neunte Aufgabe.

3. Erweitere einige der früher componirten grossen zweitheiligen Liedformen.

Obwohl die grosse dreitheilige Liedform schon an sich den grössten Raum in Anspruch nimmt, sind doch Erweiterungen derselben zu noch grösserem Umfang sehr häufig.

Statt vieler Beispiele im Auszug stehe hier eines in seiner Vollständigkeit, das Scherzo der dritten Sonate von Beethoven. Es beginnt mit einer 16 taktigen Periode, die auf einer Imitation beruht. Dieselbe wird wiederholt.

Erweiterung. § 11.

Nachsatz.

Der hier anschliessende zweite Theil beginnt mit derselben Imitation und befindet sich nach sechzehn Takten wieder auf der Dominante der Tonart, ist also bereit in den dritten Theil (wiederholten ersten) zu führen.

62 Zweiter Theil. (Mittelsatz.)

48 Erweiterung. § 11.

Diesen Uebergang hält aber hier eine variirende Wiederholung der Halbschlussformel auf, welche sieben Takte in Anspruch nimmt, — der achte Takt ist zugleich der erste des dritten Theiles.

Dem regelmässig verlaufenden dritten Theil schliesst sich dann noch ein Anhang von 9, (8 + 1), Takten an.

So verwandeln sich 3×16 in 64 Takte ohne die Wiederholungen zu rechnen.

Neunte Aufgabe.

4. Erweitere einige früher componirte grosse dreitheilige Liedsätze.

§ 12.

Verkürzung.

Verkürzung trifft natürlich vorzugsweise die ausgedehnten grossen Liedformen; besonders die dreitheilige.

Den ersten Theil treffend finden wir sie z. B. in Beethoven's erster Sonate im Menuett, dessen erster Theil sich statt aus 4×4, aus $3 \times 4 + 2 = 14$ Takten bildet. (Der zweite Theil wird hier ebenfalls auf 14, der dritte auf 12 Takte verkürzt.)

Der zweite Theil wird sehr häufig, nach Art der kleinen Liedform, aus acht Takten gebildet, z. B. im Menuett der D dur-Sonate op. 10, No. 3.

Hier bildet sich der erste Theil regelmässig aus 16 Takten, schliesst tonisch und wird wiederholt.

Der zweite Theil aber ist nur achttaktig, und besteht aus einer Sequenz durch den Quartenzirkel, h moll bis D dur, in viermal zwei Takten:

In solchen, sehr zahlreichen, Fällen erscheinen grosse und kleine Form verbunden, gleichsam gemischt. (In dem angezogenen Beispiel wird der nun folgende dritte Theil erheblich erweitert, von 16 bis auf 30 Takte).

In Mozart's Es dur-Sinfonie wird der zweite Theil des Menuett ebenfalls auf acht Takte gekürzt:

Ebendaselbst wird der dritte Theil um vier Takte verlängert.
Im Menuett der grossen C dur-Sinfonie desselben Meisters wird der zweite Theil auf zwölf Takte gekürzt.

Zehnte Aufgabe.

1. Bilde Verkürzungen an grossen dreitheiligen Liedformen.

In der grossen zweitheiligen Liedform sind Verkürzungen im Allgemeinen nicht wohl angebracht, weil sie die Symmetrie der beiden Theile allzu auffällig stören würden, was bei der dreitheiligen nicht in gleichem Masse der Fall ist.

2. Bilde einige Verkürzungen an grossen zweitheiligen Liedformen.

In der kleinen dreitheiligen Liedform findet sich gelegentlich Verkürzung des Mittelsatzes, wie hier:

Dieses Beispiel gehört zu den kleinen Liedformen, die der dreitheiligen Periode verwandt sind (§ 7, 8). Die Phrasen des ersten

Theiles lassen sich nach der Aehnlichkeit *a b b c* bezeichnen und bilden so eher einen Satz als eine Periode, während diese wiederum in dem harmonischen Verhalten V—I hervortritt.

Verkürzung des letzten Theiles um 2 Takte im Andante der D dur-Sonate op. 28.

An der kleinen zweitheiligen Liedform möchten sich kaum einmal Verkürzungen zeigen, weil sie sich schon in den kleinsten Dimensionen hält.

Zehnte Aufgabe.
3. Verkürze einige kleine dreitheilige Liedsätze.

§ 13.
Zusammenfallen des Schluss- und Anfangstaktes.

Besonders in grösseren Constructionen ist es sehr häufig, dass der letzte Takt eines Abschnittes mit dem ersten des nächsten Abschnittes zusammenfällt, dass der folgende Satz mit demselben Takt beginnt, mit welchem der vorhergehende schliesst, ein einziger Takt also Schluss und Anfang in sich vereinigt. Solche Takte werden sowohl dem Abschnitt zugerechnet, den sie beschliessen, als auch demjenigen, den sie beginnen; sie zählen also doppelt. Kommt es darauf an, diese Eigenschaft in der rhythmischen Zifferschrift hervorzuheben, so geschieht es durch einen Bogen hinter der Ziffer für den Schlusstakt, vor der Ziffer für den Anfangstakt. So bedeutet z. B. 4⌣ einen Viertakt, dessen letzter Takt zugleich als Anfang eines neuen Abschnittes dient; dagegen bedeutet ⌣4 einen Viertakt, dessen erster Takt zugleich Schluss eines vorhergehenden Abschnittes ist. In der bisherigen Praxis des jungen Componisten finden sich solche Takte fast nur bei der Ueberleitung aus dem Mittelsatz in den letzten Theil, sei es dass dieser die dritte Periode, oder den Nachsatz der zweiten bilde. So setzt z. B. in dem in No. 68 angeführten Mozart'schen Mittelsatz auf dem letzten Takte der dritte Theil ein, dessen erster Takt also mit dem letzten des zweiten Theiles zusammenfällt.

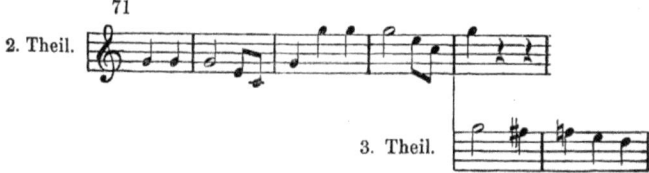

Aehnlich gehört der Takt

der sich an No. 63 als achter Takt anzuschliessen hat, sowohl zum dritten Theil als Anfang, wie zum zweiten Theil als Schluss und ergänzt No. 63 zu einem Achttakt.

Beim Zählen der Takte muss man aber stets wohl bemerken mit welchem Takttheil der Abschnitt beginnt, denn musikalisch, d. h. für das Ohr, zählen die Takte nicht von Taktstrich zu Taktstrich, sondern von gleichem Takttheil zu gleichem Takttheil. Vgl. § 1, S. 3. Hier

z. B. vom zweiten zum zweiten Viertel.

Bilde an früheren Arbeiten einige derartige Verbindungen, in welchen Schlusstakt und Anfangstakt zusammenfallen.

§ 14.

Unregelmässige Taktverbindungen.

1. Der Dreitakt wird angesehen als erweiterter Zweitakt oder als zusammengezogener Viertakt. Zwei Dreitakte, häufiger drei Zweitakte verbinden sich zu einem Sechstakt, zwei solche zu einem Zwölftakt u. dgl. Das Menuett von Mozart's G moll-Sinfonie beginnt mit zwei Dreitakten.

Diese stellt man sich nun vor als Dehnungen etwa von:

oder Zusammenziehungen aus etwa:

Der eigenthümliche ästhetische Eindruck solcher unregelmässigen Bildungen beruht auf diesem (unbewusst vorgehenden) Vergleich mit den regelmässigen.

Beethoven und seine Nachfolger bezeichnen solche Dreitakte häufig ausdrücklich mit: »Ritmo a tre battute« (dreitaktiger Rhythmus). Das berühmteste Beispiel dieser Art findet sich in der neunten Sinfonie, wo der Dreitakt

weit ausgedehnter thematischer Arbeit dient.

Bilde aus früheren Zweitakten und Viertakten Dreitakte.

2. Der Fünftakt wird meist angesehen als entstanden aus einem Viertakt durch Erweiterung. So der folgende:

Andante maestoso.

etwa aus

oder aus:

Folgender jugendfrische Anfang der kleinen D dursinfonie von Mozart:

etwa aus:

 u. s. w.

Erweitere einige Viertakte zu Fünftakten.

Andere unregelmässige Taktverbindungen von 7, 9, 11, 13 Takten erklären sich ebenfalls als Erweiterungen oder Zusammenziehungen der nächstliegenden regelrechten Bildungen.

Die ungewöhnlichen Taktverbindungen sind für grössere Constructionen dadurch von Bedeutung, dass sie das Gleichmass der Zweitheiligkeit gelegentlich wirksam unterbrechen. Den rhythmisch so lebendigen Anfang der Figaro-Ouverture bildet eine siebentaktige Construction von drei $(1 + 2)$ und vier $(3 \times 1 + 1)$ Takten. Aber auch das Thema der so milde und sanft dahinfliessenden B dur-Arie (Thränen vom Freund getrocknet) des Ottavio im Don-Juan bildet zuerst eine siebentaktige Construction. Ueberhaupt wird man finden, dass gerade die grössten Meister der Form freie und kühne Constructionen lieben, und sich keineswegs gern in die Schranken der geradzahligen Taktverbindungen einzwängen.

§ 15.
Freiheiten der Modulation.

Dass es für Jemand, der die Harmonielehre studirt hat, nicht schwer sein kann, in irgend einer Form jede beliebige Modulation auszuführen, ist selbstverständlich. Für einen Contrapunktisten gar, der des strengen und freien Satzes mächtig ist, kann solche Aufgabe nur Kinderspiel sein. Deshalb kann auch die Lehre an dieser vorgerückten Stelle keinen grossen Werth auf derartige Aufgaben legen. In der Praxis des Componisten aber entscheidet die Forderung der Neuheit oft für fremdartige Modulation, auch wenn eine innere Nothwendigkeit nicht nachzuweisen ist. Da absolute Herrschaft über das harmonische Material hier vorausgesetzt wird, so kann es nicht darauf ankommen, die erfahrungsmässigen oder logischen Grenzen dieses Verfahrens aufzustellen, da ja ohnehin die folgenden Aufgaben in dieser Hinsicht fest bestimmt sind. Doch möge ein Beispiel zeigen, wie das scheinbar **Fremdartige** sich aus **innerer Nothwendigkeit** ergibt, dann aber **eben in sich begründet, stilvoll zusammenhängend und naturgemäss** erscheint.

In dem berühmtesten aller Trauermärsche, dem aus Beethoven's Asdur-Sonate op. 26, findet sich die vielfach angestaunte Modulation von Asmoll in den Theilschluss Ddur.

Der Marsch selbst gehört der dreitheiligen Liedform an. Er bildet zuerst eine achttaktige Periode, welche in der **parallelen Durtonart** — Cesdur — schliesst, und deren Vordersatz einen Halbschluss auf der Dominante bildet: **also ganz regelmässig**. Anstatt nun **diese Periode zu wiederholen**, sei es wörtlich, sei es in irgend einer Variation, — **transponirt Beethoven** dieselbe in die Molltonart der (eben eingeführten) Paralleltonart, also nach Cesmoll. Aus dieser Transposition ergibt sich nun die Modulation mit Nothwendigkeit, denn die Paralleltonart von Cesmoll ist **Doppel esdur** (vgl. Elementarlehre § 47, Harmonielehre § 51), **Doppelesdur** aber geschrieben gleich Ddur. Beethoven bedient sich der enharmonischen Umschreibung im Interesse der bequemen Lesart selbstverständlich schon beim Eintritt von Cesmoll, welches er hmoll schreibt.

Modulation. § 15.

Diese Transposition könnten wir nun als Wiederholung schlechthin ansehen, gleich einer nur durch Wiederholungszeichen angegebenen, wenn nicht Beethoven vom sechsten Takte an die Modulation zwar in ihrem Wesen beibehalten, aber doch anders ausgeführt hätte. Das erstemal wendet er sich nämlich über die Oberdominanttonart von as moll: es moll, in die Parallele: Cesdur, das zweitemal aber über die Unterdominante von h moll: e moll (eigentlich von ces moll: fes moll) in die Parallele: D dur. Diese Verschiedenheit in der Ausführung der im Wesentlichen gleichen Modulation steht der Auffassung als blosse (transponirte) Wiederholung entgegen.

Wir haben hier also eine Doppelperiode von 16 (2×8) Takten als ersten Theil der Liedform.

Der zweite Theil (Mittelsatz) verkürzt sich zu einem Viertakt mit Ueberleitung in den dritten Theil. Die Modulation von D dur in die Oberdominante von As moll: Es dur, vollzieht sich sofort durch die Enharmonik des verminderten Septimenaccordes d—f—as —ces. (Harmonielehre, 3. Aufl., § 57).

Der dritte Theil hat Periodenform und ist auf zehn Takte gedehnt. Wiederholung findet nicht statt.

Alles in Allem werden wir uns bei der Formbestimmung wohl für die kleine dreitheilige Liedform entscheiden müssen, bei der an Stelle der Wiederholung der ersten Periode die Verdoppelung eingetreten ist, während der zweite Theil auf die

Hälfte der regelmässigen Ausdehnung reducirt, der dritte bei sonst normaler Construction um zwei Takte ausgedehnt ist.

Mit der ästhetischen Bedeutung dieses Marsches und seiner Modulation haben wir es hier nicht zu thun. Diese ist von der gesammten musikalischen Welt bewundernd anerkannt, so dass es kaum möglich ist eine andere Composition derselben Gattung neben dieser zu erwähnen.

Transponire diesen Marsch in verschiedene Tonarten, entweder sofort am Instrument, oder vorher schriftlich.

Fernere Beispiele zu diesem Paragraphen enthält des Verfassers »Partiturstudium, Modulation« in dem ganzen zweiten Buch: »Modulationsformen«, besonders § 25 über die Beethoven'schen Sinfonien, § 27 über Bach, S. 262 ff., 291 ff. über Wagner.

Nicht selten begegnet man in modernen Liedsätzen in Dur einem Schluss auf der Obermediante in Dur, z. B. in einem C dursatz auf E dur, gleichsam einer Variante des gewöhnlichen Theilschlusses in e moll (§ 5, Anm.). Auch schliesst zuweilen in einem Mollsatz der erste Theil in der Durtonart der Oberdominante, z. B. ein Cmollsatz in G dur. Da in der modernen Musik überhaupt das Uebergewicht in der charakteristischen Harmonik (Modulation) liegt, so ist das Streben nach Eigenthümlichkeit in dieser Richtung als vorzugsweise zeitgemäss zu betrachten. Es ergeben sich nun aus diesem Umstand gewisse Aufgaben, die eigentlich ausserhalb des Gebietes der Compositionslehre liegen, aber hier nicht übergangen werden sollen und Stoff für freiwillige Nebenarbeiten bieten.

Bilde Zweitakte mit ungewöhnlichen Modulationen.

Solche eignen sich zu Motiven interessanter harmonischer Sequenzen und mögen auch in gewählten und lebhaften Figurationen, auch contrapunktisch verarbeitet werden. (Vgl. Harmonielehre, 3. Aufl. S. 151 ff., besonders S. 173, Wagner. Freie Satz § 32).

Bilde viertaktige Sätze, welche eine vorgeschriebene ungewöhnliche Modulation machen.

Hierbei und bei den folgenden Uebungen vermeide man die Formen der alltäglichen Cadenzen.

Bilde grössere Sätze (§ 6) dieser Art. Bilde derartige Perioden mit ungewöhnlicher Schlusstonart. Dergleichen mit ungewöhnlichen Haupt- und Theilschlüssen. Setze dergl. zu Liedformen zusammen.

§ 16.
Das Motiv und die thematische Arbeit.

Jeder musikalische Gedanke, der zum Gegenstande irgend einer musikalischen Verarbeitung dient, heisst Motiv desselben. Doch bedient man sich dieser Bezeichnung in der Regel nur für Tonverbindungen, die hinter der Satzform zurückbleiben, also höchstens die Form der Phrase erreichen. Dienen Satzformen und höhere zu Motiven irgend einer Entwickelung, so bezeichnet man sie mit den ihnen zukommenden Formbenennungen oder also das Thema.

Fast immer werden Motive zu den uns jetzt bekannten festen Formen verarbeitet. Ausnahmsweise finden sie eine schweifende, der festen Form entbehrende, Verwendung, welche man — nach Marx — als Gang bezeichnet. Solcher, auf ein Motiv gegründeter Gang ist eine Sequenz, wenn der Modus der Aufeinanderfolge der Wiederholungen des Motivs ein bestimmter ist, und kann sonst als freie Sequenz bezeichnet werden. Was darunter zu verstehen sei, sagt die Harmonielehre § 51, wo auch die hier behandelten Begriffe zum erstenmale auftreten. Auch ein Satz kann gangartig behandelt werden, wenn er nicht zu einer höheren Form ausgebildet wird.

In der B dur-Sonate op. 106 dient der erste Zweitakt sofort als Motiv seiner Wiederholung in Versetzung, d. i. Uebertragung auf eine andere Stufe derselben Tonart.

Dasselbe Motiv dient im Durchführungssatz zu weit ausgedehnter Verarbeitung:

u. s. w. in freier Canonik, zweistimmig, dann dreistimmig, mit einer Austerzung, endlich vierstimmig mit doppelter Austerzung über 40 Takte.

Dieser Ausführung voran geht eine kurze Einleitung, welcher nur ein Theil der Phrase zum Motiv dient, nämlich:

Dieses Motiv kommt n a c h dem canonischen Satz wieder zur Geltung. Endlich dienen auch die beiden ersten Töne a l l e i n mehrmals als Motiv der Entwickelung, so gleich im ersten Theil kurz vor dem Eintritt der G dur - Vorzeichnung,

---

*) Dieses *E* ist bei seiner dritten Wiederholung in enger Lage und Austerzung in den meisten Beethovenausgaben fälschlich — vermuthlich in Folge eines Schreibfehlers — als *f* gedruckt.

Ein ähnlicher Fehler befindet sich im 20. Takt der Durchführung des Finales der A dur-Sonate, op. 101, wo die Austerzung in der linken Hand zweimal g e (Sexten) nicht g d heissen muss. Die richtige Lesart bereits in der alten André'schen und den danach bearbeiteten Ausgaben. Vgl. »Neue Berliner (Bock'sche) Musikzeitung« Jahrgang 1888.

ebenso gegen Ende der Durchführung kurz vor der H moll-Vorzeichnung:

Auf diese Art werden grössere Motive in kleinere zergliedert; umgekehrt können kleinere Motive zu grösseren verbunden werden.

Der erste Satz der A dur-Sinfonie wird von dem rhythmischen Motiv

beherrscht. (Nicht, wie mitunter fälschlich angegeben wird, von dem Motiv ♩♩♩, welches allerdings aus jenem hervorgeht.)

Dem ersten Satz der C moll-Sinfonie liegt das Motiv ♩♩♩ | ♩ zu Grunde und behauptet sich gegen alle thematischen Wandlungen desselben.

In der Gmoll-Sinfonie I herrscht das Motiv ; zuweilen wird aber auch ein grösserer Theil des Themas zum Motiv der Verarbeitung.

Man sieht, dass zu festen Formen sich Motive mit anderen Motiven verbinden, nur ausnahmsweise kann ein einziges Motiv dazu genügen.

Die Auffassung — Auslegung — kann zuweilen schwanken zwischen der Annahme eines verarbeiteten oder verschiedener verbundener Motive. So kann man z. B. hier:

das Motiv b für eine staccato-Variante von a oder für ein neues Motiv ansehen. Für die Compositionslehre hat eine schärfere Begriffsbestimmung auf diesem Gebiete keine Bedeutung.

Bilde gangartige Verarbeitungen von Motiven durch Versetzen, Transponiren, Moduliren, Contrapunktiren, Vergrössern, Verkleinern, Gegenbewegen, Figuriren, Variiren etc.

Alle Gestaltung von Motiven, seien sie nun selbständig oder zu Themen von bestimmter Form entwickelt, bezeichnet man als **thematische Arbeit**. Da es nicht nothwendig ist, dass ein musikalisches Kunstwerk in der Zeitfolge entsteht, wie es sich nach seiner Vollendung dem Hörer darstellt, so kann in der Erfindung die thematische Arbeit einmal vorangehen, d. i. zu einer Entwickelung aus Motiven ein in sich geschlossenes Thema nachträglich gebildet werden. Dem fertigen Kunstwerk gegenüber stellt man sich vor, dass das oder die Themata in Motive zergliedert und diese verarbeitet werden. Die thematische Arbeit hat in Beethoven's Sinfonien und Streichquartetten den höchsten Gipfel erreicht. Wagner hat sie als **Leitmotivstil** in das musikalische Drama eingeführt. **Thematisches Motiv** heisst im Gegensatz zu anderen etwa vorkommenden, ein dem oder den Themen angehörendes, **thematisches Hauptmotiv** das vorherrschende, zuweilen das erste.

Unter **Caesuren** versteht man die bemerkbaren Grenzen der Takte, Phrasen, Sätze, Perioden, überhaupt der Formtheile. Ihre Darstellung im Vortrag des Musikstückes heisst: **Phrasirung** oder **Gliederung**, in der Theorie **Formenanalyse**.

II. Angewandte Liedform.

A. Zusammengesetzte Liedform.

§ 17.

Zusammenstellungen von liedförmigen Sätzen zu selbständigen Musikstücken oder zu selbständigen Theilen grösserer Musikstücke bilden die zusammengesetzten Liedformen. Diese beherrschen fast ausschliesslich das unabsehbare Feld der eigentlichen Tanzmusik (d. h. der zum wirklichen Tanz componirten), der höheren und niederen Salon- und Unterhaltungsmusik. In der Sinfonie gehört das Scherzo (Menuett, Episode, Intermezzo) fast immer diesen Formen an, die auch auf allen anderen Gebieten der Composition sehr häufig sind.

In der Regel stellt sich dem ersten liedförmigen Satz, Hauptsatz, ein zweiter im Trio gegenüber, auf den die Wiederholung des ersten folgt.

Bei allen folgenden Aufgaben hat der Schüler, wo es thunlich, sich früherer Aufgaben zu bedienen.

Da die Hauptorgane derselben Klavier und Streichquartett sind, so ist hier eine Bemerkung über diese am Orte.

Da im Vortrage des **Klaviersatzes** ein Einziger über die nach jeder Richtung hin bedeutende Leistungsfähigkeit des Instrumentes verfügt, so ist der Componist nicht gezwungen an einer bestimmten Satzweise oder Stimmenzahl des Satzes festzuhalten. Vielmehr steht ihm jederzeit das Mittel der harmonischen Ausfüllung und Ergänzung, sowie der Verdoppelung der Stimmen und Accorde in Octaven zu Gebote. Von nicht geringer Wichtigkeit ist der Contrast der Klangfarben (Colorit), welcher durch die dynamischen Nüancen und die verschiedenen Anschlagsweisen, in noch höherem Grade durch die

Benutzung der verschiedenen Lagen (Octaven) des Instrumentes erreicht wird. Ein Blick auf die Meisterwerke genügt zur Bestätigung und zum vollen Verständniss.

Dagegen ist das **Streichquartett** als ein Verein von vier realen Stimmen zu betrachten, die sich aber gelegentlich durch Verdoppelung von Hauptstimmen in Einklang oder Octave auf drei oder zwei beschränken dürfen. So hat Haydn z. B. ein canonisches Scherzo geschrieben, in dem sich je zwei Instrumente zu einer Stimme verbinden. Von Doppelgriffen und Accorden hat hier der junge Componist, soweit seine Bekanntschaft mit den Instrumenten reicht, nur zur Nüancirung der Klangfarbe (d. i. zu coloristischen Zwecken) Gebrauch zu machen, nicht aber um lückenhafte Harmonien zu ergänzen, was nur ein Zeichen seines Ungeschickes wäre.

§ 18.

Variation. Etude. Praeludium.

Die einfachste Form der Aneinanderreihung von selbständigen Sätzen finden wir im Thema mit Variationen. Hier wird dasselbe Thema erst in einfacher Gestalt vorgetragen, dann in verschiedenen Variationen wiederholt, welche, indem sie dieselbe harmonische Grundlage festhalten, verschiedene Figurationsmotive, auch Contrapunkte durchführen, dabei auch das Tongeschlecht, manchmal auch die Tonart ändern. Das Thema hat meist Liedform, manchmal Perioden —, ausnahmsweise Satzform.

Wir haben die Variation bereits in der Lehre vom freien Satz kennen gelernt und geübt. Sie ist nächst dem Contrapunkt die beste Schule der thematischen Arbeit. Beethoven's und anderer älterer und neuerer Meister Schöpfungen auf diesem Gebiet sind allbekannt. Der letzte Satz der Eroika-Sinfonie gehört dieser Form an, auch im letzten Satz der neunten herrscht sie vor. Die äussersten Grenzen derselben werden bezeichnet durch Bach's »Arie mit 30 Veränderungen« durch Beethoven's 33 Variationen über einen Walzer von Diabelli und desselben 32 Variationen über ein Thema in C moll. Als ein älteres besonders populäres, reizvolles und bedeutendes Kunstwerk dieser Gattung sei hier das Andante C dur

der G dur-Sinfonie von Haydn in Erinnerung gebracht.

Wie Beethoven aus der in Nr. 20 gegebenen Periode ein liedförmiges Thema und dazu Variationen gebildet hat, ist in der (Kreutzer-) Sonate op. 47 zu beobachten.

Die Variationen in Raff's G moll-Suite für Klavier sind als Muster zu bezeichnen; im Sinne edelster Virtuosität die Variationen, die Liszt in der Don Juan-Fantasie über das berühmte Thema

geschrieben hat. Oft hat sich die Variation zur Darstellung von Lebensbildern erhoben.

Die **Etude** ist gewissermassen eine Variation ohne **Thema**, d. h. es liegt ihr, statt eines bestimmten Themas, das allgemeine Schema einer Liedform zu Grunde. Den wesentlichen Inhalt der Etude bildet die mannigfache Wiederholung eines technischen Uebungsmotives. Je gebundener sie in dieser Hinsicht erscheint, und je fester dadurch die Einheit des Musikstückes erhalten wird, desto freier kann sie sich im Satzgefüge und in der Modulation ergehen. Dasselbe gilt von der älteren Form des **Praeludium's** in seinen einfacheren Bildungen, wie im »Wohltemperirten Klavier« No. 1, 2, 3, 5, 6 u. a.

Viele Etuden erweitern sich zur zusammengesetzten **Liedform**, so z. B. die E moll-Etude von Chopin,

welche ein Trio mit einem ganz anderen Hauptmotiv bildet.

66 Tänze. § 19.

93

In dieser und ähnlichen Etuden ist die Technik dem ästhetischen Princip des Vortrages untergeordnet, der im vorliegenden Falle zu dem hingehauchten Schweben des ersten Theiles eines Gegensatzes bedarf, und diesen im Trio findet.

Wie viele Etuden, weit über irgend welchen Uebungszweck hinaus, sich zu köstlichen Musikstücken (wie die erwähnte und viele andere Chopin's und Anderer) gestalten, so erhält auch manches Musikstück den Namen der Etude, ohne ursprünglich die Zwecke dieser zu verfolgen, weil es technisch ihre Form angenommen hat, und die Bescheidenheit des Autors das höher gesteckte Ziel verschweigt.

Ebenso haben viele Bach'sche Präludien contrapunktische Formen. Andere haben ihrem Inhalt nach mit technischen Uebungszwecken gar keinen Berührungspunkt. Das Präludium B dur, Wtp. Kl. II, 21, hat die Grundzüge der Sonatenform.

§ 19.
Die eigentlichen Tanzformen.

Die Hauptformen des geselligen Tanzes beruhen auf einem zweitaktigen Pas, welches eine vollständige Umdrehung und gleichzeitige Vorwärtsbewegung des Körpers bewirkt. Jeder einzelne Takt dient zur halben Umdrehung des Körpers. Der Tänzer setzt also nach zwei Takten wieder mit demselben Fusse an. Deshalb ist es ganz unzulässig, in einem dieser Tänze ungradzahlige Sätze oder Perioden anzubringen, etwa Drei-, Fünf-, Sieben-Takte. Ja, selbst gradzahlige Takte, wie 6, 12, die nicht durchaus auf Zweitheilung beruhen, können leicht auf den Tanz störend einwirken. Man hat sich deshalb auf 4, 8, 16-taktige Periodenbildung zu beschränken. Doch finden sich bei den

Tänze. § 19.

hervorragendsten Componisten dieses Genres gelegentlich ausnahmsweise 10-, 12-, 20-, 24-taktige und ähnliche Constructionen, in denen durch das Geschick der Tonsetzer Uebelstände vermieden sind.

Diejenigen Gesellschaftstänze, welche auf combinirten Pas' beruhen, wie z. B. die rheinische Polka, in welcher der dritte und vierte Takt ein anderes Pas hat, als der erste und zweite (2×1 und $4 \times \frac{1}{2}$), sind mehr der Mode unterworfen und weniger verbreitet, werden auch hier, wo eine erschöpfende Behandlung dieses Gegenstandes ohnehin entbehrlich ist, keine Berücksichtigung finden. Die Hauptgegensätze der Taktart: Zweitheilig, dreitheilig und die des Tempos: Langsam, Schnell, bestimmen die Hauptformen der Tänze.

Zweitheilig langsam: Polka.

1. Kurze Einleitung im Polkatempo, meist nur zwei oder vier Takte, gehört nicht zum Tanz, kann daher auch unregelmässig construirt sein.

2. Polka. Vorherrschend Achtel- oder Sechszehntel-Auftakt der Melodie. Kleine dreitheilige Liedform, mit Wiederholung $2 \times 8 + 2 \times 16 = 48$ Takte.

3. Trio. Aehnlich gebildet, oft eingeführt durch kleines, nur rhythmisches Vorspiel von 2 oder 4 Takten, wie

Dieses kleine Vorspiel unterbricht den Tanz nicht.

4. Wiederholung der Polka mit Anhang einer Coda, welche meist acht Takte oder etwas mehr umfasst, und deutliche Zeichen des Schlusses enthält. Diese Coda gehört nicht mehr zum Tanz.

Aus dem Rhythmus der Polka ergeben sich folgende Begleitungsfiguren der linken Hand.

Nachschl. Nachschl. Nachschl.
Vorschlag. Vorschl. Vorschl.

Ueber diesen bildet sich die Melodie.*)

---

*) Beim Concertvortrag werden Tänze rhythmisch nüancirt, d. h. es tritt ein, oft bis zu äusserster Willkür getriebener Wechsel des Tempos ein. Darauf beziehen sich auch die Andeutungen des Tempowechsels in den Partituren einiger Tanzcomponisten.

Ueber den Orchestersatz der Tanzmusik siehe des Verf. »Instrumentation und Orchestersatz« Berlin, Carl Habel.

Der Polka nächstverwandt ist der gewöhnliche Militärmarsch, welcher aber oft im Allabreve-Takt notirt wird, ₵, statt der Achtel des Polkarhythmus also Viertel bringt und ohne Auftakt beginnen kann.

Zweitheilig schnell: Galop. Hat dieselbe Form wie die Polka, ist aber ein schneller Zweivierteltakt, in welchem auf jeden Takt nur ein Schlag fällt, also 1 | 1 | 1 u. s. w. taktirt wird, während die Polka 1 2 | 1 2 |.

Grosse Liedform beim Galop häufig.

Dreitheilig, langsam. Polka Mazurka. Liebt in pikanter Weise die schlechten Takttheile hervorzuheben und bevorzugt punktirte Rhythmen. Als Hauptform stellen wir auf:

1. Einleitung: wenige Takte im gleichen Tempo.
2. Mazurka. Grosse oder kleine dreitheilige Liedform: Erster Theil, Zweiter Theil, Wiederholung des ersten Theiles, jedesmal 8 oder 16 Takte, die Wiederholungen nicht gerechnet.
3. Trio. Grosse dreitheilige Liedform, auch mit verkürztem (8 taktigem) zweiten Theil. Auch grosse zweitheilige oder kleine dreitheilige Liedform.
4. Wiederholung der Mazurka und kurze Coda.

Das **Trio** steht bei fast allen diesen Tänzen in einer anderen Tonart als der Hauptsatz, und zwar meist in der Unterdominante. **Moll**tonarten sind bei wirklichen Tänzen nur ausnahmsweise zulässig, wenn sie humoristisch behandelt sind; hier ganz zu vermeiden.

Dreitheilig, schnell. Die eigenthümlichste und hervorragendste Form unter den eigentlichen Gesellschaftstänzen ist der Walzer. Der Walzer ist ein schneller Dreivierteltakt, in welchem jeder Takt nur einen Schlag bekommt. Die Form des Walzers ist von der der anderen Tänze abweichend. Seine Composition verlangt in höherem Masse, als die der anderen Tanzformen, specifische Begabung für die Melodik des Tanzes. Seine vorherrschende Form ist folgende:

1. Introduction, meist dem Tanze ganz fremden Inhalts, oft grosses Adagio, Fantasie, im Orchestersatz nicht selten mit hervorragenden Leistungen von Soloinstrumenten verbunden, führt in:
2. Kurzen »Eingang« im Walzertempo, 4 Takte, der unmittelbar in den

3. **Walzer** führt. 5 Nummern, Nr. 1—5 gezählt, (zuweilen nur 4, selten nur 3).

Diese Nummern, welche den eigentlichen Walzer bilden, können gleicher oder verschiedener Construction sein. Doch bestehen sie meist (für unsre jetzigen Uebungen immer) aus **zwei 16taktigen Perioden**, von denen jede wiederholt wird. Haben sie dreitheilige Form, so ist der dritte Theil Wiederholung des ersten, mit hier nicht in Betracht kommenden Ausnahmen.

Doch sind diese Perioden meist so gebildet, dass sie unter sich, innerhalb einer Nummer, keine thematische Correspondenz zeigen, also zwei nebeneinander gestellte Perioden ohne weiteren Zusammenhang. Auch hier kann an Stelle der Periode eine grosse Satzconstruction treten. Die Schlüsse entfernen sich zwar selten weit von der Haupttonart, sind aber nicht durchaus an die nächste Verwandtschaft der Tonica gebunden. Die Tonart der einzelnen Nummern ist selbstverständlich unabhängig.

4. **Finale**, statt der kurzen Coda ein weitausgeführtes Finale im Walzertempo, welches die gelungensten Nummern des Walzers wiederholt (Potpourri), auch wohl noch eine neue bringt.

Noch sei bemerkt, dass die Mannigfaltigkeit der Rhythmik bei der Walzermelodie das weiteste Feld findet, und dass, während Bass und Mittelstimmen den Tanzrhythmus unablässig festhalten, die Melodie sich darüber in ungebundenster Weise ergeht.

Harmonische Effekte sind jedoch hier, wie bei allen Tänzen, nur höchst vorsichtig anzuwenden, weil sie den Geist zu leicht gefangen nehmen und vom eigentlichen Zweck der Tanzmusik ablenken.

Beispiele sind so überzahlreich, dass es nicht nöthig ist, sich hier auf bestimmte zu berufen. Ueberhaupt ist ja der Tanz ein Gegenstand der gewöhnlichen gesellschaftlichen Bildung, also allbekannt und einer eingehenderen Erörterung nicht bedürftig.

Elfte Aufgabe.

Bilde nach den hier aufgestellten Hauptformen Tänze, hauptsächlich Wälzer.

Bilde zu folgenden Bässen verschiedene Tänze, nachdem dieselben in eine andere Tonart transponirt und in die entsprechende Taktart übertragen sind.

70 Tänze. § 19.

Dreitheilige Liedform.

Zweitheilige Liedform.

Marsch. § 20.

Die bestimmte Takteintheilung — ob z. B. Auftakt oder voller Takt beginnt u. s. w. — ist, sowie selbstverständlich die Rhythmik, die ja hier den eigentlichen Gegenstand der Aufgabe ausmacht, dem Ermessen des Componirenden überlassen. Ebenso ist es ihm freigestellt, den hier gegebenen Fundamentalbass — der nur Grundtöne von Grundaccorden enthält — durch den geeigneten Generalbass, der auch Umkehrungen aufnimmt, nach Belieben zu ersetzen, oder aus beliebten Meisterwerken andere Bässe auszuziehen.

§ 20.

Die Marschformen.

Beim Marsch und den verwandten Formen der Polonaise und des Contretanzes findet keine Drehung des Körpers statt, also auch kein eigentliches zweitaktiges Pas.

Den Militärmarsch haben wir schon neben der Polka zur Sprache gebracht; er bildet gewissermassen die niedrigste Form des Marsches.

Der **Festmarsch** steht im Vierviertaktakt. Auf jeden Takt kommen zwei gemessene Schritte des Marschierenden, aber vier oder zwei Schläge des Taktstockes. Die Gradzahligkeit der Takte ist hier nicht unbedingt erforderlich. Der berühmte Marsch aus Meyerbeer's »Prophet« fängt sogar mit einem Fünftakt an.

72 Marsch. § 20.

Der Marsch No. 22 aus Figaro's Hochzeit zeigt eine originelle Construction in offenbar beabsichtigter Monotonie der Theilschlüsse, welche fast alle auf g hinausgehen. Das g dominirt schon die ersten fünf Takte der Melodie, der erste achttaktige Satz schliesst in G dur, darauf folgt ein Satz von zwei Drei-Takten, die beide ebenso schliessen. Der erste Theil enthält also 14 Takte und wird wiederholt. Der zweite Theil entspricht im Ganzen dem ersten, der Vordersatz schliesst wieder in G, der Nachsatz wendet sich mit demselben Sechstakt, der den ersten Theil schliesst, zur Tonica. Darauf ein Anhang von vier Takten, in den Intervallen des C dur-Accordes einen knappen Schluss bildend.

Marsch. § 20.

Dieser Marsch, der in der Oper nur scenische Bedeutung hat, aber doch wirklich zum Marschieren dient, entbehrt des Trios.

Der **Festmarsch** ist nicht an bestimmte rhythmische Figuren gebunden, wie die Tänze, muss aber natürlich den taktmässigen Schritt deutlich hervorheben. Die vorherrschende Form ist die kleine zweitheilige Liedform für Marsch und Trio. Vorspiel (oft in Form einer Fanfare), Eingang zum Trio, Coda je nach den Umständen.

Es folgt hier noch die Construction von zwei der bedeutendsten bekanntesten und beliebtesten Marschkompositionen der modernen Musik, welche schon vielen anderen zum Muster gedient haben und noch dienen werden: Mendelssohn's Hochzeitsmarsch aus dem Sommernachtstraum und Wagner's Einzugsmarsch aus dem Tannhäuser, beide hierher gehörig, weil sie wirklich zum Marschieren — (auf der Bühne) — dienen.

Beide Compositionen beginnen mit einer einleitenden Trompetenfanfare:

97 Mendelssohn.

Wagner.

98

Bei Mendelssohn führt diese Einleitung sofort in das Thema, welches auf der berühmten Accordfortschreitung

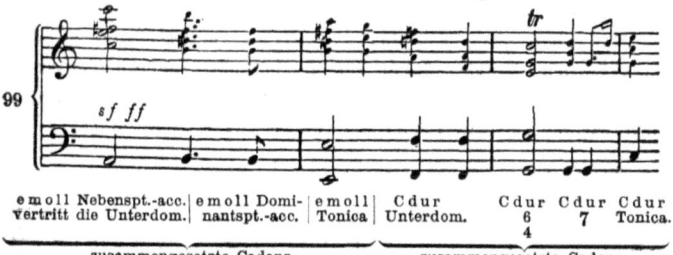

beruht. Die unmittelbare Verbindung beider Cadenzen — der von

74 Marsch. § 20.

E moll und der von C dur — erklärt sich aus der Beziehung des Dreiklanges der dritten Stufe zur Unterdominante (vgl. Harmonielehre § 28) und aus der Vertretung der letzteren durch den Nebendreiklang auf der Secunde. (Ebendas. §§ 27, 59 u. 71.) E moll und d moll, in ihren beiderseitigen Beziehungen zu C dur folgen also hier unmittelbar aufeinander.

Wagner's Einleitung, die durch den Uebergang auf die Dominante den Charakter eines Vordersatzes hat, führt nicht unmittelbar in das Thema, sondern wiederholt sich, unterbrochen von Anspielungen auf spätere Motive des Marsches, dreimal — erst das dritte Mal, mit einer eingeschobenen Ueberleitung

in das Thema führend.

Somit steht die Einleitung Wagner's der Mendelssohn's mit 23 ⌣ gegen 4 Takte gegenüber.

Mendelssohn bildet sein Thema in kleiner dreitheiliger Liedform:

    Erster Theil: $2 \times 4 = $ 8 wiederholt $= 16$ Takte
    Zweiter Theil:
        Vordersatz: 8
        Nachsatz: $2 \times 4 = $ 8
                  zusammen 16 wiederholt $= 32$ Takte
                            zusammen 48 Takte.

Nun aber schliesst Mendelssohn in die Wiederholung der ersten Periode die vier Takte Vorspiel mit ein, wodurch der erste Theil auf 20 Takte kommt. Mit den vier Takten des Vorspiels selbst beträgt also die Länge des Ganzen bis hierher 56 Takte.

Erster Theil.   Unvollk. Ganzschl.

Marsch. § 20. 75

Halb- bis Ganzschluss auf Dominante. Dritter Theil.

Von hier ab hält sich Mendelssohn's Marsch mehr in den Grenzen der bisher besprochenen zusammengesetzten Liedformen, während Wagner's Marsch sich in der Construction den später abzuhandelnden grossen sinfonischen Instrumentalformen nähert.

Mendelssohn bildet nämlich jetzt ein Trio in G dur:

welches zur Wiederholung des Hauptsatzes führt, der diesmal zur achttaktigen Periode abgekürzt ist.

Dann folgt ein zweites Trio in F dur:

darauf das ganze Thema ohne Wiederholung mit theilweise gesteigerter Figuration:

die Intrade in Klangsteigerung:

endlich ein glanzvoller Codasatz von $2 \times 8 + 10\frown$ Takten.

In allen Theilen (ausser im ersten) vermeidet der Componist die vollkommenen Ganzschlüsse. Dadurch erhält der Marsch jene Eigenschaft des unaufhaltsam Vordringens mit der ästhetischen Wirkung der Spannung, welche in gleichem Grade von den früheren Meistern besonders Weber in seinen Ouverturen zu erreichen wusste.

Wagner bildet sein Thema nicht in Liedform, sondern als grosse sechzehntaktige Periode:

106 sehr gehalten.

und schliesst unmittelbar daran ein anderes Thema in gleicher Tonart, ebenfalls in sechzehntaktiger Periodenform:

Hier macht der **Vordersatz** einen **Halbschluss auf der Oberdominante, Septimen-Accord:**

der **Nachsatz** einen **Ganzschluss in der Tonart der Oberdominante,** indem er in diese modulirt:

Folgt abermals ein sechzehntaktiger Abschnitt, der aber diesmal weniger die Form einer Periode als eines Doppelsatzes aufweist, — da nämlich der zweite Theil (der die Stelle des Nachsatzes einnimmt) mit einem Halbschluss endet. Die kühne Modulation des Satzes bringt es mit sich, dass dieser Halbschluss in Cis dur geschieht:

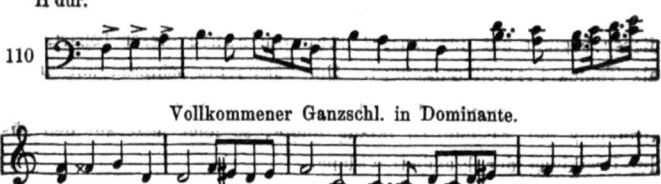

Es sind also jetzt schon drei sechzehntaktige Theile: der erste eine tonische Periode bildend, der zweite eine Periode bildend, welche in die Oberdominante modulirt, der dritte aus zwei correspondirenden Sätzen bestehend, welche, von der Tonica ausgehend, der erste in die Oberdominante, der zweite um zwei Tonarten des Quintenzirkels weiter moduliren.

Jetzt beginnt abermals ein neuer Satz — derselbe, auf den schon die Einleitung anspielt — und zwar beginnt er unmittelbar mit der Moll-Unterdominante derjenigen Tonart, mit deren Oberdominante der vorige schliesst:

Der vorige Satz schloss auf der Oberdominante von Cis dur, dieser beginnt auf der Moll-Unterdominante dieser Tonart, aber als Tonica Fis moll aufgefasst. Der Vordersatz schliesst mit unvollkommenem Ganzschluss in Fis dur, und, wie oben auf den Gis dur-Dreiklang der Fis moll-Dreiklang folgte, so folgt jetzt auf den Fis-dur-Dreiklang der E moll-Dreiklang.

Der Nachsatz wendet sich nun mit dem fünften Takte auf die Oberdominante der Haupttonart, wo alsbald die Einleitung der Trompeten wieder auftritt; so dass dieser Nachsatz sich auf zwölf Takte ausdehnt $= 4 + 8$.

Jetzt beginnt mit dem Hauptthema die Wiederholung alles dessen, was bisher da gewesen ist, durch Chorgesang unterstützt.

An diese vollständige, 68 Takte umfassende Wiederholung schliesst sich dann nochmals der Hauptsatz im *ff* und erhöhter Figuration.

Die Coda, welche den Marsch zu Ende führt, beutet das erste und zweite Thema und die Einleitung aus.

In der Liszt'schen Clavierbearbeitung des berühmten Marsches bildet das zarte Thema, welches in der Oper den Auftritt der Sänger begleitet,

erst das eigentliche Trio des Marsches, welches wir aber hier, der Originalcomposition folgend, nicht dazu rechnen. Wir erkennen vielmehr in dem Wagner'schen Marsch einen Marsch mit mehreren Theilen (selbständigen Themen), aber ohne Trio.

Beide hier betrachteten Märsche zeigen darin eine Aehnlichkeit, dass ihr Anfang eine zusammengesetzte Cadenz — (also eine Schlussformel) — bildet.

Stellen wir nun die Constructionen beider Märsche einander gegenüber:

Mendelssohn, Hochzeitsmarsch.
Takte

Einleitung: 4 Takte. ... 4
Hauptsatz: Kleine dreitheilige Liedform mit Wiederholungen ... 52

Erstes Trio in G dur:
Erster Theil: erweiterte Satzform, Vordersatz: Halbschluss Oberdominante 6 Takte, wiederholt 12
Zweiter Theil: Doppelsatz, H dur — G dur, unvollk. Gschl., 2 × 4 Takte, wiederholt 16
Wiederholung des Hauptsatzes zur Periode verkürzt, ohne Wiederholung 8

Zweites Trio in F dur:
Erster Theil: Satzform 8 Takte 8
Zweiter Theil: Satzform 8 Takte, wiederholt 16
Uebergangssatz: Vordersatz: d moll, Hschl. Obdm. 8 Takte, Nachsatz überleitend 8 Takte 16
Wiederholung des Hauptsatzes: Kleine dreitheilige Liedform 3 × 8 24
Coda: Einleitung: 4 Takte, thematische Reminiscenz 8 Takte, wiederholt: 16 Takte, Schluss: 10 Takte 30

Zusammen 186

Wagner, Einzugsmarsch.
Takte

Einleitung: Intrade 4, Zwischensatz ⌣4⌣, Intrade 4, Zws. ⌣2, Zws.: (viertes Thema) 4, Zws.: 2⌣, Intrade 4, Zwischensatz 4⌣ . . . . 23⌣
Hauptsatz: Tonische Periode . . . . , . . 16
Zweites Thema: Modulirende Periode 16
Drittes Thema: Doppel — Vordersatz 16
Viertes Thema: Doppelsatz mit Ueberleitung (8+4)+8 Tk. 20
Wiederholung aller vier Themata 68
Wiederholung des Hauptsatzes: Vordersatz wie oben, Nachsatz mit aufgehaltenem Schluss, und Trugschluss mit $^6_4$ (Harmonielehre § 69) . . . . 17⌣
Coda: mit diesem Trugschluss beginnend 8 Takte, zweites Thema 8⌣, Intrade und Schluss 21 36

Zusammen 212

Marsch. § 20. 81

Der **Trauermarsch** hat das langsamste Largo zum Tempo. Das unerreichbare Muster desselben hat Beethoven — in einer Klaviersonate — geliefert. (Vergl. Nr. 83, S. 57). Auch der an Popularität diesem am nächsten kommende von Chopin hat in einer Klaviersonate Platz gefunden. Der Trauermarsch ist immer in Moll, das Trio fast immer in Dur, in der gleichnamigen, parallelen Durtonart, oder in der Durtonart der Untermediante (Unterterz, wie Cmoll — Asdur). Festmärsche in Moll, welche nicht eigentlich zu Bestattungsfeierlichkeiten dienen, sondern eine ernste oder Trauerfeierlichkeit begleiten sollen, bedürfen nicht eines gleich langsamen Tempo's.

Die Construction des Beethoven'schen Marsches ist oben gegeben. Das Trio (in Asdur) besteht aus zwei viertaktigen Sätzen, welche wiederholt werden. Der Wiederholung des Marsches ist ein Codasatz angehängt, der in Dur abschliesst.

Die Polonaise

ist ein lebhafter Marsch in Dreivierteltakt. Auf jedes Viertel kommt ein Schritt. Die charakteristische rhythmische Begleitungsfigur der Polonaise ist:

Diese muss indessen nicht durchaus und immer durchgeführt werden, wie unzählige Beispiele zeigen. Ferner ist für die Polonaise charakteristisch, dass sie die Neigung hat, die letzten beiden Takte jeder Periode in drei Zweivierteltakte zu gliedern.

Weber.

115

Der Contretanz, Quadrille

ist ebenfalls dem Marsch verwandt, wird aber im $^2/_4$ und $^6/_8$ Takt geschrieben, wobei auf jeden Takt zwei Schritte kommen. Er hat sechs Abtheilungen, welche durch Pausen von einander getrennt werden; der letzte geht unmittelbar in einen eigentlichen (Rund-) Tanz über.

Zwölfte Aufgabe.

Componire Märsche und Polonaisen, besonders nach den aufgestellten Hauptformen.

§ 21.

Idealisirte Tanzformen.

Es gibt zahlreiche Compositionen, welche, ohne zum Tanz bestimmt oder geeignet zu sein, einer bestimmten Tanzform meist in grosser Freiheit das rhythmische Motiv und die allgemeinsten Grundzüge der Construction entlehnen. Am ergiebigsten hat sich dazu der Walzer gezeigt, dessen Verherrlichungen durch Schubert, Weber (Aufforderung zum Tanz), besonders aber Chopin weltberühmt sind. Diese reizenden Gebilde verbinden alle Feinheiten einer bis zum äussersten entwickelten Kunsttechnik mit dem, in vollkommenster Freiheit aufgenommenen Tanzrhythmus.

Durch Chopin und viele andere, die meist dessen Nachahmer sind, hat auch die Form der Mazurka (Urbild unserer Polka-Mazurka) und der Polonaise eine solche ideale Ausbildung erfahren. Auch andere Nationaltänze, wie Bolero, Tarantella u. s. w. sind in dieser Weise ausgebeutet worden. Neuerdings haben hervorragende Componisten gleiches Interesse den veralteten Tanzformen vergangener Jahrhunderte zugewendet, der Sarabande, Bourrée, Rigaudon u. s. w., u. s. w. Besonders Raff's Arbeiten auf diesem Gebiet verdienen als hervorragend bezeichnet zu werden.

Unsere Classiker haben besonders dem Marsche Beachtung in diesem Sinne gewidmet. Beethovens Trauermarsch in der Eroica-Sinfonie, der mehrerwähnte in der Asdur-Sonate, der Festmarsch in der Adur-Sonate op. 101

mit dem canonischen Trio (vgl. Contrapunkt und Fuge im freien Satz S. 116), der Marsch in den »Ruinen von Athen«, können als bekannt vorausgesetzt werden. Mozart's Alla turca aus der Adur-Sonate

gehört ebenfalls hierher. Eine Eigenthümlichkeit dieser Composition ist die achttaktige Periode, welche jedem Theile als eine Art Coda folgt.

In Chopin's Trauermarsch ahmt die linke Hand in ergreifender Weise das dumpfe Geläute der Glocken nach, eine Art von »Basso ostinato«, wie er sich auch im zweiten Impromptu und einer Etude desselben Meisters findet.

Die wichtigste unter den idealisirten Tanzformen ist aber die aus dem veralteten Menuet hervorgegangene Form, welche unter dem Namen Menuet oder Scherzo in den grossen Instrumentalwerken unserer Classiker einen beständigen Platz gefunden hat.

Die Form dieses Satzes ist meist grosse zwei- oder dreitheilige Liedform, mannigfach modificirt durch Erweiterungen und Verkürzungen bald dieses, bald jenes Theiles, wie schon im vorigen Abschnitt an mehreren Beispielen gezeigt worden ist. Das Trio steht nur ausnahmsweise in der Oberdominante, meist in derselben Tonart, bei Mollsätzen in der gleichnamigen Tonart. In Mozart's Es dur- und C dur-Sinfonie bleibt das Trio in der Haupttonart, in der G moll-Sinfonie in der gleichnamigen Durtonart. In Haydn's D dur-Sinfonie (No. 2) steht das Trio in der Untermediante der Parallele: in B dur, ein nicht seltenes modulatorisches Verhältniss der Theile. In Beethoven's erster, zweiter, Eroica, vierter, Pastoral, achter Sinfonie steht das Trio, wie in den angeführten Mozart'schen in gleicher Tonart wie das Scherzo, in der fünften (C moll) und der neunten in der gleichnamigen Durtonart, in der siebenten in der Durtonart der Untermediante: hier steht das Scherzo in F dur, das Trio in D dur. Die siebente Sinfonie ist die einzige von Beethoven, in welcher das Scherzo nicht in der Tonart der Sinfonie steht.

Die Haydn'schen Sinfonien und Quartetten — und zwar nicht nur die, welche sich gerade der allgemeinen Gunst erfreuen, sondern auch die zahlreichen weniger bekannten — bieten eine unerschöpfliche Auswahl vollendeter Muster derjenigen Gattung, welche der ursprünglichen Form näher steht. Solche finden sich auch in Mozart's Iustrumentalwerken, in zahlreichen Klaviersonaten, Duos, Trios, Streichquartetten von Beethoven. Von den Sinfonien dieses Meisters halten sich die Scherzi der ersten, zweiten, vierten, achten in denselben Grenzen. Auf die Art, wie Beethoven im Ausbau dieser Form in anderen Werken verfuhr, wie er sie im Scherzo erweiterte und umgestaltete, müssen wir hier durch einige Beispiele die Aufmerksamkeit lenken, welche den Compositionsjünger zu gründlicherem Studium auch der anderen anregen sollen.

In der siebenten, A dur-Sinfonie zeigt der erste Theil des Scherzo Eigenthümlichkeit der Formbildung nur in dem als Einleitung vorangeschickten Zweitakt:

119

der im Verlaufe immer als Verbindungsglied der Theile dient. Modulatorisch interessant ist, dass der Schluss des ersten Theiles in A dur geschieht (— der Tonart der Sinfonie —), und zwar wird diese Tonart durch plötzlichen Uebergang aus F dur, mit Hülfe des übermässigen Sextaccordes erreicht.

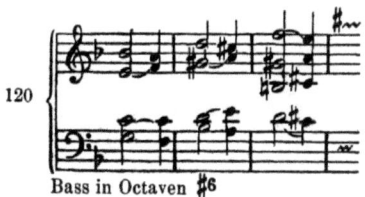

120

Bass in Octaven ♯6

Im Ganzen besteht der erste Theil aus einer sechzehntaktigen Satzkonstruction, die durch eine Schlussformel von sechs Takten verlängert ist, während ihr eine Einführung von zwei Takten vorangeht: $2 + (2 \times 4) + (2 \times 2) + (2 \times 1) + (2 \times 2) + 4 = 24$.

Der nun folgende zweite Theil dagegen überschreitet die gewöhnlichen Grenzen unserer Form soweit, dass er fast den Charakter einer Durchführung (wie bei der Sonatenform) annimmt. Nach vier Takten des Einleitungsmotives (No. 119) bildet sich aus der Wiederholung des Motives —

(vgl. No. 120) — theils des ganzen, theils nur des zweiten Taktes, ein achttaktiger Satz, dessen zweites Motiv, nach D dur übertragen,

sich viermal wiederholt, worauf es in c moll

in vier Takten auf die Dominante von C führt. — Somit haben wir also — die Einleitung ausgeschlossen — einen zusammengesetzten Satz $8 + 4 + 4 = 16$ Takten, von A dur nach C dur modulirend. Dieser Satz wiederholt sich jetzt in ganz gleicher Weise, aber — diesmal von C dur nach B dur modulirend. Jetzt scheint in B dur eine nochmalige Wiederholung einzutreten, aber schon im dritten Takt gesellt sich ihr das Einleitungsmotiv zu:

und führt zu einer zweimaligen Anführung des ersten achttaktigen Satzes, den der Bass darauf in vierstimmiger Nachahmung (die letzte in Gegenbewegung)

in den dritten Theil (Wiederholung des ersten) führt. Der Schluss bildet sich diesmal erst in C dur mit achttaktiger Schlussformel, darauf mit derselben Schlussformel in zwölf Takten in F dur. Nach diesem vollkommenen Abschluss wirft sich das Einleitungsmotiv auf die Terz *a*. Unter diesem *a*, welches *tutti ff* eingetreten ist, und *p* in den Geigen liegen bleibt, setzt nun das Trio in **D dur** ein, verläuft regelmässig in erweiterter dreitheiliger Liedform, und führt mit einem vierzehntaktigen Anhang durch die berühmte Trugfortschreitung:

in das Scherzo zurück; welches sich vollständig wiederholt, nur die Repetition des zweiten Theiles ausgeschlossen.

Hierauf Wiederholung des Trio mit allen Repetitionen und Anhang.

Nochmalige Wiederholung des Scherzo ohne Repetitionen. Der Anhang wirft sich noch einmal auf jenes *a*, welches das Trio einführt. Aber nur die beiden ersten Takte erscheinen, einmal in Dur, einmal in Moll, dann: Kurzgefasster Schluss.

Noch eigenthümlicher gestaltet sich das Scherzo der fünften, Cmoll-Sinfonie. Der Vordersatz:

wiederholt sich mit einer geringen Erweiterung. Darauf erscheint ein neues Thema:

welches, in c moll beginnend, einen Halbschluss in Es dur macht, sich darauf in es moll mit Halbschluss in Ges dur wiederholt, sich in ferneren vier Takten auf die Dominante von es moll wirft, und hier eine Halbschlussformel von acht Takten bildet. Die Dominante von es moll: B dur, dient nun zur Anknüpfung einer Wiederholung des Bisherigen, — statt von c moll bis B dur als Oberdominante von es moll, — diesmal von b moll bis C dur als Oberdominante von f moll. Dabei wird die Wiederholung des ersten Vordersatzes diesmal von 8 auf 18 Takte gedehnt und zur Modulation noch c moll gebraucht.

Jetzt wird wieder aus der Oberdominante von f moll = C dur die Tonica c moll. Das erste Thema wiederholt sich, die zweite Hälfte desselben wird gangartig wiederholt,

darauf contrapunktirt Beethoven gegen das im Bass befindliche Hauptmotiv des Themas in der Oberstimme eine bewegte Melodie, welche einen vollkommenen Schluss bildet,

der noch durch einen achttaktigen Anhang bekräftigt wird. Ausser diesen beiden Schlüssen bietet der ganze Satz Halbschlüsse.

Weniger unregelmässig verläuft das Trio, technisch ausgezeichnet durch seine fugirte Ausarbeitung

und die mächtige Bassfigur, mit welcher der zweite Theil beginnt. Der erste Theil schliesst regelmässig in G dur, der zweite in C dur. Indem sich dieser aber wiederholt, verwandelt er das *cresc. al ff* der ersten Male in ein *diminuendo al pp*, und führt, ohne abzuschliessen, unmittelbar in die Wiederholung des Scherzo. Die Beobachtung des weiteren Verlaufes dieses herrlichen Satzes wird dem jungen Componisten überlassen. Soviel war nöthig, um Anleitung zu dieser Art des Partiturstudiums zu geben.

Dreizehnte Aufgabe.

Componire Menuetten und Scherzi, ohne jedoch die Grenzen der Liedform geflissentlich zu überschreiten.

§ 22.

Besondere Formen.

Es fehlt auch nicht an zahlreichen charakteristischen und bedeutenden Compositionen — darunter viele der originellsten Gebilde — welche, ohne sich an eine bestimmte Tanzform anzulehnen, den bisher abgehandelten Liedformen angehören. In erster Reihe sind hier zu erwähnen: die Compositionen dieser Formen in langsamem Tempo, die als »Elegieen, Balladen, Lieder ohne Worte,« oder unter mannigfaltigen andern Titeln, welche sich zum Theil auf den Inhalt beziehen, wie »Melancholie, Resignation, Nocturn u. a.« selbständige Musikstücke bilden, oder als Theile grösserer Compositionen auftreten. Letzterer Art ist z. B. das Andante der Sonate op. 28 von Beethoven, dessen einzelne Theile bereits im vorigen **Abschnitt** angeführt sind.

Vierzehnte Aufgabe.

Componire einen langsamen Satz in zusammengesetzter Liedform.

Muster für die einzelnen Theile bietet der erste Abschnitt in hinreichender Anzahl.

Die Zahl derartiger Compositionen im schnellen Tempo ist nicht minder gross. Ein ausserordentlich anziehendes Muster dieser Art möge hier in Kurzem zergliedert werden, weil es allbekannt und besonders lehrreich ist: das Impromptu op. 29 von Chopin.

Die linke Hand führt ein durch den eingeschobenen Vorhalt d interessantes Figurationsmotiv durch,

134

welches wir hier übersehen müssen, wo es sich nur um die Construction handelt, die sich bei so lebhaft und gehaltvoll figurirten Sätzen dem Auge des Anfängers leicht entzieht.

Die ganze Composition verläuft in ununterbrochener Bewegung. Die Schlüsse werden meist durch lebhafte Figuration verhüllt.

Der Hauptsatz (welcher auf dem oben gegebenen Motiv beruht) hat dreitheilige Liedform von 8, 10 und 16 Takten.

Das Trio hat zweitheilige Liedform von 16 und : 16 :| Takten.

Die Wiederholung des Hauptsatzes geschieht wörtlich, ein kurzer Anhang führt zum Schluss.

Wenden wir uns nun den einzelnen Theilen zu, so finden wir zu Anfang eine regelmässige Periode zweiter Form, aus Vordersatz und Nachsatz, je zu vier Takten, gebildet.

Besondere Formen. § 22.

Der zweite Theil modulirt hin und her, von Es dur nach b moll, nach As dur zurück, zwischen As dur und Es dur:

wirft sich dann auf eine chromatische Sextaccordfolge,

deren Wiederholung ihn um zwei Takte verlängert, und dann mit Halbschluss in den dritten Theil.

Die grössere Ausdehnung dieses dritten Theiles ist uns nichts Neues mehr, um aber die Dehnungen besser zu beobachten, ist es vortheilhaft den Satz einmal, nach Art unserer ersten Uebungen, derselben zu entkleiden, und auf das Mass der ersten Periode zu beschränken.

138

Folgt Anhang und Uebergang in das Trio. Die interessante Modulation desselben möge der Beobachtung des Schülers selbst überlassen werden. Zu bemerken ist nur, dass die erste Periode aus zweimal acht Takten besteht, die zweite, ebenso lange, am Schluss in die erste zurückführen zu wollen scheint, statt dessen aber den Hauptsatz wieder aufnimmt. So könnte man das Trio als unvollständig gebliebene dreitheilige Liedform auffassen, die in ihrer jetzigen Zweithätigkeit keine Correspondenz der Theile zeigt.

Fünfzehnte Aufgabe.

Componire ein von bestimmter Tanzform unabhängiges Musikstück zusammengesetzter Liedform in schnellem Tempo.

Hauptsächlich hat man den Gebrauch einer stereotypen, tanzmässigen rhythmischen Begleitungsform zu vermeiden.

B. Die niederen Rondoformen.

§ 23.

Die niederen Rondoformen beruhen ebenfalls im Wesentlichen auf in sich geschlossenen Elementarformen, doch unterscheiden sie sich von den zusammengesetzten Liedformen durch eine unmittelbarere — innigere — Verbindung der Theile. Sie begegnen sich dabei häufig soweit mit der Liedform, dass man zweifeln kann, welche von beiden in einem gegebenen Falle vorliegt. Denn — wie einerseits die Liedformen gelegentlich ihre festen Grenzen zu verwischen bemüht sind — lässt andrerseits die Rondoform zuweilen eine schärfere Begrenzung zu.

Die Eigenschaft der Rondoform, welcher sie den Namen (Rundgesang) verdankt, ist das Abschweifen von einem Hauptthema und wieder Zurückkommen auf dasselbe. Die Eigenschaft aber, durch welche das Rondo sich von der zusammengesetzten Liedform am wesentlichsten unterscheidet, — besonders wie sich diese in den Tanzformen zeigt — besteht in der metrischen und rhythmischen Ungebundenheit der Construction und des **Tonsatzes**. Die rhythmische Uniformität fällt hier gänzlich weg. Die Phantasie ist sowohl in Construction, wie in rhythmischer Ausgestaltung auf sich selbst gestellt, frei — aber auch — einer Stütze mehr beraubt.

Man theilt die Rondoformen in niedere und höhere. Die niederen beruhen ausschliesslich auf der Liedform und ihren Elementen, die höheren zum Theil auf der Sonatenform, setzen also die Bekanntschaft mit dieser voraus. (Statt dieser Bezeichnung die Ausdrücke »klein und gross« zu wählen, erscheint nicht passend, weil der Umfang von dieser Unterscheidung nicht wesentlich betroffen wird.)

Der wesentliche Unterschied der niederen Rondoformen unter sich besteht in der Zahl der verwendeten Themata. Darnach unterscheidet man:

> Rondo erster Form mit einem Thema,
> Rondo zweiter Form mit zwei Themen,
> Rondo dritter Form mit drei Themen.

§ 24.

Rondo erster Form.

Im Rondo erster Form gibt es nur ein selbständiges Thema. Zwischen diesem und seinen Wiederholungen bilden sich keine abgeschlossenen Formen. Unter diesen letzteren verstehen wir, ausser der Liedform, die Periode und die grosse tonisch abschliessende

Satzform. Andere Formen des Satzes gelten nicht für hinreichend abgeschlossen, um dem Hauptsatz gegenüber die Bedeutung eines Themas beanspruchen zu können.

Das Thema hat immer eine festgeschlossene Form, meist die eines Liedes oder einer grossen Periode, selten die eines grossen ausgedehnten Satzes.

Die Zwischensätze dieser Form sind nun entweder **thematisch,** d. h. irgend welchen Gedanken des Hauptthemas ausführend, oder eigenthümlichen Inhalts, d. h. neue Motive einführend, aber dieselben nicht zu abgeschlossener Form ausbildend.

Die Wiederholungen des Themas werden in der Regel variirt. Dies geschieht besonders im langsamen Tempo, welches dieser Form vorzugsweise eigenthümlich ist.

Der Schluss wird häufig durch einen (meist thematischen) Anhang bereichert.

Ein Beispiel eines solchen Rondo's liefert das Largo appassionate der A dur-Sonate von Beethoven op. 2, dessen Thema ausgedehnte zweitheilige Liedform hat (vgl. No. 50, 51). Nach dem Schluss desselben beginnt in h moll folgender Satz:

der nach vier Takten in fis moll fest abschliesst. In fis moll wiederholt er sich sofort mit Versetzung der Melodie in die Mittelstimme,

wendet sich aber dann mit einem neuen Motiv

auf die Unterdominante der Haupttonart, und durch diese in das Thema zurück, welches sich wörtlich ohne Variation wiederholt. Hieran hängt sich ein Satz von vier Takten, anknüpfend an den Mittelsatz des Themas, mit folgender Imitation:

(Canon)

die sich in erhöhter Figuration wiederholt:

auf dem Schlusstakt dieses Satzes beginnt das Thema in **Moll,** in mächtiger harmonischer Steigerung auf die Dominante führend, worauf es noch einmal, zur achttaktigen Periode verkürzt, unter neuer Figuration der zweiten Stimme

auftritt, und der ganze Satz mit achttaktigem Anhang schliesst.*)

Sechzehnte Aufgabe.

Componire ein Rondo erster Form in langsamem Tempo.

Unter allen Anwendungen dieser Form ist wohl am berühmtesten und als das vollendeteste Muster zu betrachten: das Andante der **Cmoll-**Sinfonie. So gewiss man voraussetzen darf, dass der Composition Studirende mit demselben auf das genaueste bekannt ist, muss es hier doch einer technischen Analyse unterworfen werden, nicht nur, um als Muster der Formbildung zu dienen, sondern auch um auf die vollendete Art hinzuweisen, wie hier die Variationen des Themas ausgeführt und eingeleitet sind.

Das Thema, welches in No. 30 gegeben ist, erweitert sich durch einen Satz, der sich aus seinem Schluss entwickelt, von acht auf zweiundzwanzig Takte. Hieran schliesst sich — rhythmisch an die erste Figur des Themas anknüpfend, ein Satz von 27 Takten, in Asdur beginnend:

---

*) Es sei hier gelegentlich zur Sprache gebracht, was der Leser längst bemerkt haben wird, dass nämlich das Wort: Satz in der Musiklehre mit mannigfaltiger Bedeutung gebraucht wird. Die Hauptunterschiede seiner Bedeutung sind 1. Satz als Elementarform in den verschiedenen Gestalten, die wir im ersten Abschnitt aufgeführt haben, 2. Satz als vollständiger Theil eines grösseren Kunstwerkes, wie die Sätze einer Sinfonie, einer Sonate, eines Streichquartetts, 3. Satz im Sinne von Schreibart, Satzweise, Methode der Composition, wie contrapunktischer, harmonischer Satz, welche in der Harmonielehre, der Lehre vom strengen und freien Satz abgehandelt werden. Die grosse Verschiedenheit der Bedeutung macht den Gebrauch derselben Bezeichnung unverfänglich: weil der Zusammenhang keinen Zweifel aufkommen lässt. Dagegen wird 4. Satz aber auch für jede Form überhaupt gebraucht, und dieser Gebrauch nöthigt allerdings zu einiger Vorsicht.

später, mit jenem berühmten Uebergang vom *pp* zum *ff*,

Cadenz in C dur machend. Hierauf beginnt derselbe Satz, **diesmal von Blechinstrumenten** intonirt, in **C dur**,

und modulirt von da im *pp* zurück nach As dur, wo die erste **Variation** eintritt:

Diese erstreckt sich in gelinder Steigerung der Figuration über alles Vorhergegangene.

Die nun folgende zweite Variation:

beschränkt sich auf den eigentlichen Hauptsatz (8 Takte), wiederholt sich in Steigerung und führt unmittelbar in die dritte Variation:

Diese schliesst im zehnten Takt auf der Dominante, und hier beginnt nun, aus dem Motiv

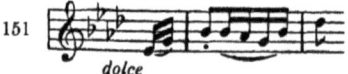

sich entwickelnd, der vierstimmige Satz von Flöte, Oboe und Clarinette, der schliesslich in die im Klange gesteigerte Cdurstelle (No. 147) zurückführt. Von dieser lenkt dann eine figurative Modulation in die letzten beiden Variationen, deren erste Minore (Moll) ist,

während die zweite sich frei canonisch gestaltet.

Das folgende *più moto* und *a tempo* ist schliessender Anhang.

Im schnellen Tempo gestaltet man die erste Rondoform am besten in ausgedehnter (gleichsam redseliger) dreitheiliger Liedform, von der aus man sich in Gängen, Passagen, Modulationen ergeht, auf ihre abgekürzte Wiederholung zurückkommt, abermals abschweift und mit vollständigerer Wiederholung nebst Anhang schliesst.

Beispiel von Beethoven: Sonate op. 10, Nr. 3, Rondo Allegro.

Anmerkung.

Es wurde oben darauf hingewiesen, dass Verwechselung von Rondo und zusammengesetzter Liedform leicht möglich ist. Aber auch ausgedehnte einfache Liedform kann mit der Rondoform verwechselt werden. Ein nicht grade hervorragendes, aber in hohem Grade deutliches Beispiel ist das »Andante un poco Adagio« aus der Mozart'schen Sonate:

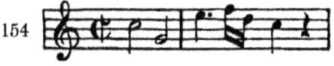

Dieses lange, 79 Takte zählende Musikstück:

ist nichts weiter, als eine durch ausgeschriebene und variirte Wiederholungen der einzelnen Theile ausgedehnte zweitheilige (oder zwei- bis dreitheilige) Liedform in folgenden Verhältnissen:

Erster Theil	Vordersatz	8 Takte
	Nachsatz	8 »
	Variirte Wiederholung	16 »
Zweiter Theil	Vordersatz	12 »
	Nachsatz	8 »
	Variirte Wiederholung	20 »
	Verlängerung des Schlusses	4 »
	Anhang	4 »
	zusammen	79 »

§ 25.

Das Rondo zweiter Form.

Im Rondo zweiter Form stehen sich zwei Themata gegenüber, von denen das zweite hinsichtlich der Tonart sich meist ebenso verhält, wie in den zusammengesetzten Liedformen das Trio zum Hauptsatz, d. h. es ist nur ausnahmsweise in der Oberdominante, meist in der Parallele, Gleichnamigen (Maggiore [Dur] gegen Minore [Moll] und umgekehrt), Mediante oder gelegentlich einmal in einer entfernteren Tonart.

Das erste Thema ist ebenso construirt, wie das Thema der ersten Rondoform.

Das zweite Thema wird entweder durch einen Uebergang eingeführt oder schliesst sich unmittelbar an das erste an. Im letzteren Falle nähert es sich sehr der zusammengesetzten Liedform. Doch ist in jener die liedförmige Gestalt des Themas obligatorisch, was hier nicht der Fall ist.

Dagegen zeigt das zweite Thema eine entschiedene Neigung, vor der Schlussbildung in das erste Thema zurückzuführen.

Ob der Wechsel der beiden Themata sich nur einmal oder wiederholt vollzieht, ist für die Formbestimmung gleichgültig; ebenso, ob die Themata sich vollständig, verkürzt oder erweitert wiederholen.

Das glänzende Beispiel für diese Form, obgleich der zusammengesetzten Liedform mit Hauptsatz und Trio nahe verwandt, ist das unvergleichliche Allegretto der Adur-Sinfonie.

Der kleine zweitheilige Liedsatz (vgl. No. 25) der dieser einzig grossen Composition zu Grunde liegt und durch Wiederholung der letzten acht Takte auf 24 Takte ausgedehnt wird, wiederholt sich erst in drei Variationen, welche von der Verbindung von Bratschen, Violoncells und Bässen bis zur Entfaltung der Macht des ganzen Orchesters fortschreiten. Dann führt ein kurzer Uebergang:

in das zweite Thema, welches in A dur steht, und das rhythmische Grundmotiv im Basse festhält.

Das zweite Thema hat folgende Construction:
    Periode (mit obigem Vordersatz) schliesst in E dur
    (Oberdominante) . . . . 16 Takte.
    Eingeschobener Imitationssatz . . . $3 \times 2 = 6$ Takte.

Clarinette.

Periode von zweimal 8 Takten, das erstemal im Hauptton
schliessend, das zweitemal in C dur . . . . 16 Takte.
Der obige Imitationssatz in C dur . . . . 6 Takte.
44 Takte.

Ein Zurückgehen auf den Anfang findet nicht statt. Hier bricht
der Satz ab, und wirft sich auf die Dominante von a moll.

Vierte Variation. Flöte, Oboe, Fagott den Contrapunkt
(S. 23), Bass das Thema. Violinen und Bratsche Figuration. Diese
Variation ist durch einen Anhang verlängert. Unmittelbar an diesen
knüpft ein Fugato über das Thema

als fünfte Variation; schliesst mit einer Figuration der Holz-Bläser
im *ff* gegen das vom Streichquartett, Trompeten, Hörnern und Pauken
in acht Takten durchgeführte Hauptmotiv, welches fest in a moll
abschliesst.

Darauf der Nr. 156 gegebene Uebergang, leicht variirt, und
Wiederholung des zweiten Themas — zur tonisch abschliessenden
Periode, mit Anhang von 4⌣ Takten, verkürzt.

Satz von 8 + 4 Takten aus dem Hauptmotiv.

Letzte Variation und Schluss.

Als Variation des Themas kann man den A dur satz nicht
betrachten, dazu fehlen ihm die harmonischen Bedingungen. Als
Trio fehlt es ihm an Selbständigkeit der Construction. Wir dürfen
ihn also mit Recht als zweites Thema eines Rondo zweiter Form
betrachten, dessen Hauptthema vielfach variirt wird.

Einfacher, und dem Verständniss des Anfängers näher liegend,
gestalten sich die Rondo's zweiter Form in den Claviersonaten von
Beethoven:

> C dur op. 2. Adagio. Erstes Thema: E dur, Zweites
> Thema: e moll.
>
> E dur op. 14. Finale. Erstes Thema: E dur, Zweites
> Thema: G dur.*)

---

*) Wird zuweilen als Rondo vierter Form bezeichnet, indem der zweite Theil
der dreitheiligen Liedform des Hauptsatzes als Seitensatz betrachtet wird.

G dur op. 31. Adagio. Erstes Thema: C dur, Zweites
  Thema: As dur.

denen sich viele andere Compositionen unserer Meister an die Seite stellen lassen.

Siebzehnte Aufgabe.

Componire ein Rondo zweiter Form, Tempo Allegretto.

§ 26.

Das Rondo dritter Form.

Das Rondo dritter Form vertheilt seine drei Themata so, dass sich nach dem zweiten das erste (abgekürzt?) wiederholt alsdann das dritte folgt, nach welchem sich abermals das erste (ganz oder weniger abgekürzt) wiederholt, und mit einem Anhange zum Schlusse führt.

> Erstes Thema.
> Zweites Thema.
> Erstes Thema.
> Drittes Thema.
> Erstes Thema.
> Anhang und Schluss.

Das erste Thema hat vorherrschend (besonders im schnellen Tempo) ausgedehnte Liedform, so dass der Unterschied zwischen der dritten Rondoform und der zusammengestellten Liedform mit zwei Trios (abgesehen von der freieren und reicheren Beschaffenheit des Tonsatzes) oft nur im Vorherrschen der Neigung zu Ueberleitungen und in der Abkürzung der Wiederholungen des Themas zu finden ist, welche indessen auch kein sicheres Kriterium bilden.

In manchen veralteten, aber darum nicht uninteressanten, Sätzen aus der ersten Zeit der Formentwicklung im vorigen Jahrhundert, zeigt sich diese Formverwandtschaft recht deutlich. Dahin gehören viele Jugendarbeiten von Mozart, denen wenigstens ein historisches und biographisches Interesse nicht abzusprechen ist, z. B. das Rondo aus der kleinen Es dursonate:

Das erste Thema desselben hat grosse dreitheilige Liedform. Unmittelbar daran schliesst sich ein liedförmiger Satz in Cmoll:

der regelrecht seine erste Periode in der Parallele beschliesst. Die Fortsetzung, als welche sich zunächst der Beginn des zweiten Theiles zweitheiliger Liedform anreiht:

macht vier Takte später einen plötzlichen Schluss in C moll, um alsdann auf die Dominante der Haupttonart zurückzumoduliren. Hierauf folgt das erste Thema, zur Periodenform abgekürzt.

Das dritte Thema beginnt nun in Es moll, (vgl. No. 39, wo es vollständig mitgetheilt ist)

hat dreitheilige Periodenform von 25 Takten. Auf dem Schlusstakt desselben tritt wieder das erste Thema ein.

Dieses Beispiel ist hier absichtlich gewählt, nicht sowohl, als hätte es als Composition eine besondere Bedeutung zu beanspruchen, die ihm als einem frühen Jugendwerk des unsterblichen Meisters nicht zukommt, sondern vielmehr wegen der grossen Einfachheit und Durchsichtigkeit der Formbildung. Diese beobachten wir auch an dem Rondo der C dur-Sonatine:

und dem der hier No. 29 citirten E mollsonatine, dessen Themata weiter unten mitgetheilt werden. Als Uebergang zu den Beethoven'schen Mustern diene das neuerdings von den grössten Virtuosen vielfach gespielte A moll-Rondo von Mozart:

Das glänzendste Beispiel von Beethoven zur dritten Rondoform ist das Finale der grossen C dur-Sonate op. 53.

Das erste Thema:

hat erweiterte kleine dreitheilige Liedform. Anhang und Ueberleitung:

8 Takte.

Zweites Thema in A-moll:

Schluss des Vordersatzes. Folgt Nachsatz. Zusammen 16 Takte. Folgt Doppelsatz von $2 \times 2 + 4$ Takten.

Wiederholung des ersten Themas in ganzer Ausdehnung.

Drittes Thema in C-moll:

Die Rechte Sechzehntel nachschlagend:

Wiederholt sich, Melodie in der rechten Hand, Bass contrapunctirt Sechszehntel-Triolen. Nachsatz: Rechte übernimmt den Contrapunct (doppelter Cp. d. 8).

Wiederholt in der Umkehrung ad 8, worauf der Schluss einmal ganz, zweimal halb wiederholt, und noch eine Schlussformel angehängt wird.

Erstes Thema und Schluss. — Der letzten Wiederholung des ersten Themas geht eine weit ausgeführte, an das Hauptmotiv geknüpfte Einleitung, welche auch auf die Virtuosität des Vortragenden berechnet ist, vorauf. Die Wiederholung selbst ist dagegen abgekürzt.

110 Uebergangsformen. § 27.

Es folgt derselben zunächst eine weite Ausführung des No. 167 gegebenen Ueberleitungsmotives und ein Prestissimo, welches sich fast ausschliesslich mit dem ersten Motiv des Thema's beschäftigt und wieder der Virtuosität des Spielers Rechnung trägt.

Achtzehnte Aufgabe.

Componire nach den gegebenen Anleitungen und Musterbeispielen ein Rondo dritter Form in lebhaftem Tempo.

§ 27.

Uebergangsformen.

Zwischen der ersten und zweiten Rondoform giebt es Uebergangsformen, welche an den Eigenschaften beider Theil zu haben scheinen. Diese entstehen dadurch, dass die Zwischensätze der ersten Rondoform eine ungewöhnlich selbständige Gestalt annehmen, oder dass das zweite Thema der zweiten Rondoform ungewöhnlich kurz, unbedeutend oder schweifend ausfällt.

In solchen Fällen bleibt die Formbestimmung zweifelhaft, und hat man ein Rondo erster bis zweiter oder zweiter bis erster Form vorliegen.

Alle Formen zeigen solche Uebergangsstadien, deren erschöpfendere Betrachtung nicht Sache der Compositionslehre, sondern des Partiturstudiums, und in höherem Sinne der eigentlichen Theorie und Wissenschaft der Musik ist.

Ein Satz, der zwischen erster und zweiter Rondoform zu schwanken scheint, ist das Andante der Es-dur-Sonate op. 7. Dasselbe bildet einen weitausgedehnten Hauptsatz in C dur:

Largo, con gran espressione.

171

in dreitheiliger Liedform. Der sich hier anschliessende Satz in As dur:

bildet zunächst einen tonisch abschliessenden Viertakt. Hierauf folgt ein ebenso fest construirter Viertakt in F-moll gleichen thematischen Inhalts. Nun beginnt derselbe noch einmal in Des dur, modulirt aber im vierten Takte mit dem übermässigen Sextaccord auf die Dominante von C dur.

In Anbetracht der festen Satzbildung möchte man hier ein zweites Thema annehmen und sich für zweite Rondoform entscheiden.

In Anbetracht der schweifenden Modulation aber kann man den Charakter des Themas bestreiten und ein Rondo erster Form annehmen. In Wahrheit ist es ein Rondo zweiter bis erster Form.

C.

§ 28.

Das gesungene Lied.

Im gesungenen Lied ist die musikalische Form nicht frei, d. h. ausschliesslich musikalischen Bedingungen unterworfen, sondern von der poetischen Form und dem logischen Gesetz der Sprache abhängig. Man ist zu der Annahme berechtigt, dass ursprünglich das lyrische Gedicht und die Composition in Erfindung und Ausführung eins waren, dass das Gedicht sofort musikalisch erfunden wurde. Allmählich trennten sich, besonders durch die Verbreitung der Schreibe-, endlich gar der Druck-Kunst, beide Theile des Liedes. Die Dichtung bereicherte sich dermassen durch gedanklichen Stoff, die Musik schuf sich mit so grosser Energie selbständige Formen, dass beide nicht mehr in eins entstehen konnten, sondern sich erst mit einander verbinden mussten, um die ursprüngliche Einheit des Liedes — denn Lied ist: gesungenes Gedicht — wieder herzustellen.

Das gesungene Lied. § 28.

Erst in unserer Zeit macht auf dem Gebiet der grossen Oper die zu einem vollkommenen Ausdrucksmittel gereifte Harmonik in Verbindung mit der dramatischen Action und Declamation eine Wiederherstellung des ursprünglichen Verhältnisses auf höherem Standpunkt unter Voraussetzung ausserordentlich umfassender Geistesanlagen möglich.

Es kann nun keine Frage sein, dass jede musikalische Form poetisch nachgebildet werden kann, dass es also jederzeit möglich ist, zu einer in den Grenzen des Vocalsatzes gehaltenen Composition einen geeigneten poetischen Text zu beschaffen. Dies ist aber eine Aufgabe für den musikalischen Dichter, nicht für den poetischen Componisten.

Diesem stellt sich hier die entgegengesetzte Aufgabe: zu einem Strophenlied die Musik zu componiren.

Die Formenlehre kann sich mit diesem Gegenstand, der weit mehr der allgemeinen geistigen Bildung, als der Fachbildung des Musikers angehört, nur nebenher beschäftigen, und bescheidet sich, eine einzige Aufgabe darauf zu gründen.

Doch sollen hier die Hauptweisen des technischen Verhaltens der Composition zum Text, die vielfach ineinander übergehen, kurz geschildert werden.

1. Die Composition folgt getreu dem Versmass und dem Versbau des Gedichtes, indem es dieselben dem zweitaktigen metrischen System der Musik aneignet, d. h. in zwei-, vier-, acht- etc.-taktige Formen gliedert, mit Berücksichtigung der § 11 bis 14 gegebenen Besonderheiten und Freiheiten.

Das gesungene Lied. § 28.

bricht sich die Welle mit Macht, mit Macht, u. sie seufzt hinaus in die finstre Nacht, das Au-ge vom Wei-nen ge-trü-bet.

2. Die Composition bedient sich der Wiederholungen des Textes, um ein grösseres Satzgefüge herzustellen und sich zu freierer Formbildung zu entfalten.

Da genaue Bekanntschaft mit dieser Composition vorausgesetzt werden kann, ist es zulässig, sich mit diesem dürftigen melodischen Auszug zu begnügen.

3. Die Composition bindet sich nur an die — nun einmal unumstösslichen — Gesetze der logischen Declamation des Textes, schaltet aber im Uebrigen ganz frei, nach rein musikalischen Gesetzen, mit demselben. — In der deutschen Sprache gehört zum

logischen Accent auch der Wortaccent, während die französische Sprache nur einen Endungsaccent, also keinen logischen Wortaccent hat. — Der freieren Behandlung des Textes begegnen wir besonders in den grossen Formen der Oper, des Oratoriums (Cantate) und des Concertstils.

Beispiel.

— ◡ — ◡ — ◡ — ◡

Alle meine Pulse schlagen,
Und das Herz wallt ungestüm,
Konnt' ich das zu hoffen wagen,
Süss entzückt entgegen ihm!

— ◡ — ◡ — ◡ —

176. Weber.

Neunzehnte Aufgabe.

Componire einige einfache Lieder nach erster und zweiter Art.

Grosse dreitheilige Liedform hat unter andern Wagner's berühmter Pilgerchor aus Tannhäuser (III. Akt), obwohl hier nicht ausgeschlossen ist, dass der Text später oder mit der Musik gleichzeitig entstanden ist.

Mozart's »Ave verum corpus«, welches in der Harmonielehre als **Muster der Muster** mitgetheilt worden ist (vgl. das. S. 221) hat **grosse zweitheilige Liedform** mit Verlängerung der letzten Periode durch Anhang. Man beobachte wohl, weshalb man **nicht berechtigt ist**, hier dreitheilige Liedform mit verkürztem zweiten Theil anznnehmen.

Lotti's nicht minder vollkommenes Männergesangs-Terzett: **Vere languores nostros**, welches die Lehre vom freien Satz als Muster der Vocalcomposition ziert, nähert sich ebenfalls der grossen zweitheiligen Liedform. Die erste Periode besteht aus 8 + 10 Takten, die zweite aus 9 + 10 Takten.

Praktisch erweist sich allen Componisten, wenn der Anfang des Gedichtes nicht sofort einen musikalischen Gedanken wecken will, zuerst ein Vorspiel, nicht nach den Textworten, sondern nach der allgemeinen musikalischen Stimmung des Gedichtes instrumental zu erfinden, worauf sich dann in der Regel alsbald ein Anknüpfungspunkt der ersten Textworte einstellt.

Es steht natürlich frei, wenn ein Lied mehrere Verse hat, diese verschieden zu componiren.

Lieder epischen Inhaltes mit sehr vielen Versen, wie man oft Balladen und Romanzen findet, verlangen verschiedene Behandlung der Verse. Hier bieten sich zum Vergleich zahlreiche Werke ausgezeichneter Componisten über denselben Text. Vgl. z. B. Goethe's »Fischer« von Reichardt, Schubert, Reissiger u. a. Goethe's »König von Thule« von Zelter, Radziwil, Gounod u. A. Hier wären noch zahlreiche vielcomponirte Gedichte besonders von Goethe und Heine, aber auch von vielen anderen zu nennen. Als Mustercompositionen seien noch erwähnt Schuberts »Erlkönig«, Schumann's »Grenadiere«, C. Löwe's Balladen.

Ungeschicklichkeiten des Textes hat die Composition zu corrigiren. So hat z. B. Kind im »Freischütz« den Fehler begangen (der einer der schlimmsten für die Composition ist), Gedanken und Zeile nicht gleichzeitig durch den Reim zu begrenzen, indem er dichtete:

> Abends bracht' ich reiche Beute,
> Und wie über eignes Glück, —
> Drohend wohl dem Mörder, — freute
> Sich Agathe's Liebesblick.

Diesen Fehler seines Poeten corrigirte Weber dadurch, dass er den Participialsatz (zwischen den Gedankenstrichen) isolirte, indem er ihn auf einen Dominantaccord — gleichsam als Cadenz — verwies, den ungeschickten Reim aber ignorirte und ihn im Auftakt verschwinden machte, womit er Mozart's drastisch ausgesprochene Ansicht über den Reim im musikalischen Text bestätigte.

Aehnlich verfuhr Mozart im »Ave verum«, wo die Dichtung denselben Fehler zeigt.

> Ave verum corpus, natum (Reim)
> De Maria virgine,

Er ignorirte Versmass und Reim, und componirte:

> Ave verum corpus,
> natum de Maria virgine.

Die Musik ist der Poesie in Rhythmik und Klangreichthum weit überlegen. Sie bedarf daher des Verses und Reimes nicht, sondern kann sich mit kurzen Sätzen begnügen, die vorherrschend den Raum einer Phrase einnehmen. So alle Bibeltexte. Doch entspricht der Reim den kleinen musikalischen Formen mit ihren bestimmten Eintheilungen durch correspondirende Schlüsse, und ist insofern oft erwünscht.

Die weibliche Endung der Zeile (»Beute, freute«) verleitet Anfänger leicht zu dem häufigen Gebrauch des Vorhaltes nebst Auflösung, der ins Unmelodiöse zu fallen geneigt ist. Es sei deshalb hier davor gewarnt. Männliche Endungen (betonte Endsylben, wie »Blick, Glück«) oder Wechsel zwischen weiblichen und männlichen sind vortheilhafter.

Bie Begleitung zum Gesang ist einfache, harmonische und metrische Stütze (Schubert: »Sah ein Knab' ein Röslein stehn«) — oder musikalisch-malerische Ergänzung der Melodie des Gesanges (Schubert: »Die Forelle«) — oder ein mehr oder weniger selbstständiges Musikstück mit dem Gesange zur Darstellung derselben Idee verbunden (Schumann: Mondnacht: »Es war als hätt' der Himmel«).

III. Die Sonatenform.

§ 29.

Sonate und Sonatenform.

Unter Sonate versteht man ein Musikstück, welches aus mehreren selbständigen Sätzen besteht und für ein oder einige Soloinstrumente componirt ist. Nur ausnahmsweise hat ein so benanntes Musikstück nur einen Satz, verhältnissmässig selten nur zwei. Unter Sonaten**form** versteht man dagegen die besondere Form eines Satzes, mit der wir uns jetzt zu beschäftigen haben.

Das Eigenthümliche der Sonatenform besteht in dem grundsätzlichen Vorherrschen der Verbindung gegen die Aneinanderreihung, welche in der Liedform entschieden, in der kleinen Rondoform zwar bedingt, aber doch immer noch vorherrschend ist. Gegen diese Formen bildet die Sonate den entschiedensten Gegensatz. Sie ist bemüht alle Trennung aufzuheben und eine möglichst vollständige Einheit des Satzes herzustellen. Macht sie daher auch am Ende der ersten Abtheilung einen vollkommenen, meist sehr erschöpfend ausgeführten Ganzschluss, so geschieht dieser in einer anderen als der vorgezeichneten Tonart, und zwar fast immer in einer solchen, die auf die ursprüngliche zurückweist, zu dieser in einer nahen Beziehung steht.

Also: innige Verbindung aller Theile zu einem sich als solches geltend machenden Ganzen ist die Aufgabe, die wir mit den bisher erworbenen Mitteln der Formbildung zu lösen haben. In diesem Bestreben gestaltet sich der Satz gleichsam als ein immer weiter gesponnener Vordersatz, der das Bedürfniss eines Nachsatzes, und dadurch Spannung erregt. Da liegt denn die Gefahr nahe, sich zu überstürzen, die Mittel der Steigerung zu früh zu vergeuden, die künstlerische Besonnenheit zu verlieren, welche die Bedingung der Verständlichkcit ist. Diese Gefahr zu vermeiden, dient die scharfe

Gliederung der Form in Unterabtheilungen, **Formglieder** genannt, ferner die planmässige Modulation, der Gebrauch solcher Schlussformeln, welche dem Fortgang keinen Eintrag thun, indem sie rhythmisch oder harmonisch Stellen einnehmen, welche zu einem vollständigen Schlusse nicht dienen können.

Die Sonatenform ist die gemeinschaftliche Form der ersten (Allegro-) Sätze der Sonaten, Quartette, Sinfonien und der diesen verwandten Gattungen der Instrumentalmusik, — ferner der meisten Finales (letzten Sätze) dieser Gattungen, sowie der Ouvertüren (Mozart, Beethoven, Weber u. A.), endlich zahlreicher Sätze in langsamem Tempo.

Nach der Ausdehnung unterscheidet man Sonatine (kleine Sonatenform), Sonate und grosse Sonate.

Wir werden diese Hauptform der grossen Instrumentalmusik von der kindlichen Gestalt einer Kuhlau'schen Sonatine bis zu dem Wunderbau eines Beethoven'schen Sinfoniesatzes verfolgen.

A. Die Sonatine.

§ 30.

Der erste Theil der Sonatinenform.

Der erste Theil der Sonatinenform zerfällt in fünf untereinander eng verbundene Formglieder verschiedener Ausdehnung:

1. Hauptsatz (populär erstes Thema genannt).
2. Vermittlungssatz.
3. Seitensatz (populär zweites Thema genannt).
4. Schlusssatz.
5. Anhang.

Die fünf Glieder gruppiren sich zu zwei grösseren Abtheilungen:

1. Hauptsatz und Vermittlungssatz,
2. Seitensatz mit Schlusssatz und Anhang,

durch den ziemlich gleichen Umfang dieser beiden Theile, durch die Modulation, welche vom Seitensatz an einer neuen Tonart angehört, sowie durch die Bedeutung der einander gegenüberstehenden beiden Themata, welche den wesentlichsten Gegensatz der Form bilden.

Rechnet man den Vermittlungssatz zum Hauptsatz, dem er

thematisch meist verwandt ist, den Anhang zum Schlusssatz, so hat man drei Theile, deren mittleren der Seitensatz bildet.*)

Ebenso natürlich ergiebt sich aus den oben gebildeten zwei Abschnitten eine Viertheiligkeit, wenn man den ersten in Hauptsatz und Vermittlungssatz, den zweiten in Seitensatz und Schlusssatz mit Anhang theilt. In dieser vielfachen Theilbarkeit zeigt sich organische Einheit und Mannigfaltigkeit der Form.

Der erste Theil der Sonatinenform schliesst vollständig ab und erscheint insofern selbständig, aber in einer andern als der ursprünglichen Tonart, und insofern wieder unselbständig, gleichsam ein grösserer Vordersatz, der noch seines Nachsatzes harrt.

Der Schluss des ersten Theiles geschieht

> in Dur in der Oberdominanttonart,
> in Moll in der Paralleltonart.

Der erste Theil der Sonatine wird wiederholt. Diese Wiederholung wird zuweilen durch eine Ueberleitung eingeführt, welche, sich der Coda anschliessend, in die ursprüngliche Tonart und in den Anfang leitet. Hier folgt der erste Theil einer kindlichen, auch für den Unterricht von Kindern bestimmten Klavier-Sonatine von Kuhlau, welche diese Form im kleinsten Rahmen wiedergiebt und zum ersten Beispiel besonders geeignet ist.

*) Der Vermittlungssatz ist im ersten Theil der Sonatenform Modulationssatz, weil er den Uebergang in die neue Tonart vermittelt; auch wird er oft so benannt, doch lässt sich diese Benennung nicht durchführen, weil derselbe Satz im dritten Theil die Modulation verliert. Auch die Ausdrücke Verbindungssatz und Zwischensatz finden sich. Letzterer gehört in die Lehre von der Fuge.

120 Sonatine. § 30.

Die fünf Glieder dieser kleinen Mustersonatine zeigen folgende Zahlenverhältnisse, die natürlich nicht unbedingt, sondern nur ungefähr massgebend sind.

    1. Hauptsatz 8 Takte (4 + 4).
    2. Vermittlungssatz 8 Takte (4 × 2).
    3. Seitensatz 8⌣ Takte (4 + 4⌣).
    4. Schlussatz 4 (2 × 2).
    5. Anhang 2 Takte (4 × ¹/₂).

An den eingeklammerten Ziffern sieht man, dass die Mannigfaltigkeit der metrischen Construction oder Taktverbindung durch den Wechsel von viertaktigen und zweitaktigen Verbindungen erreicht wird. Weniger kann in dieser Hinsicht nicht geschehen.

Der junge Componist hat bei seinen Arbeiten solche Abwechselung stets im Auge zu behalten.

Die rhythmische Mannigfaltigkeit liegt im Gebrauch der verschiedenen Notengattungen innerhalb der metrischen Construction, wozu auch die Verschiedenheit der Eintrittspunkte innerhalb der

Taktart gehört.*) Diese Mannigfaltigkeit ist hier ebenfalls mit den bescheidensten Mitteln, aber in vollgenügender Weise erreicht. **Auch diese Mannigfaltigkeit ist immer anzustreben, aber ebenso massvoll, allmählich fortschreitend, wie hier**, weil der Satz durch ein Uebermass in dieser Richtung bunt, verworren und langweilig wird.**)

In Zweitheilung besteht der vorstehende Mustersatz aus 16 + 14 Takten,

in Dreitheilung aus 16 + 8⌣ + 7 Takten,
in Viertheilung aus 8 + 8 + 8⌣ + 7 Takten.

Der Hauptsatz bildet einen achttaktigen (grossen, § 6) Vordersatz, dem der Vermittlungssatz sich anfangs scheinbar als Nachsatz anschliesst. Statt aber den entsprechenden Nachsatz zu bilden, modulirt er mit dem ersten Motiv des Hauptsatzes

in viermaliger Phrase (§ 1, 2) durch den Dominantseptimenaccord von G dur (Takt 15 und 16) nach G dur. Dabei steigert er sich dynamisch zum *forte*, rhythmisch zur Triolenfigur (Takt 13 bis 16).

Der Seitensatz kehrt zu der ruhigeren Achtelbewegung und zum *piano* zurück. Seine Construction ist die eines selbständigen tonischen Doppelsatzes (4 + 4) (§ 4, 6) sich der periodischen Form mit unvollkommenem Ganzschluss des Vordersatzes (§ 4) nähernd.

Der Schlusssatz hat die Form eines Doppel-Zweitaktes (§ 2), die Coda besteht aus vier halben Takten.

In den letzten drei Theilen verkürzen sich also die Formen: 8, 4 und zwei Takte, sowie ihre Elemente: 4, 2 und halbe Takte.

Vom Seitensatz an herrscht die Tonart der Dominante.

Der Vermittlungssatz entwickelt sich aus einem Motiv des Themas, hier durch Versetzung (Takt 11, 12), Aenderung des Tongeschlechts (Takt 13, 14), Modulation (15, 16). Solche Ausbeutung eines thematischen Motives heisst nach § 16

thematische Arbeit.

---

*) So setzt hier der Seitensatz auf dem zweiten Viertel, der Schlusssatz auf dem zweiten Achtel ein. Vgl. S. 8.

**) Durch den entgegengesetzten Fehler: rhythmisches Gleichmass wird der Satz steif, ungelenk und abstossend.

Sonatine. § 31.   123

Diese tritt hier wieder gelegentlich auf, um später eine erschöpfendere Behandlung zu erfahren. Methodisch ist es nothwendig, diese erst da eintreten zu lassen, wo sie in der Praxis zur höchsten Geltung kommt, bei dem Durchführungssatz der (grossen) Sonatenform.

Zwanzigste Aufgabe.

Componire nach der hier gegebenen Anweisung erste Theile von Sonatinen in Dur. Als Muster diene das gegebene Erläuterungsbeispiel. Länge und Construction der einzelnen Glieder desselben sollen nicht unbedingt, sondern nur im allgemeinen als Muster dienen. So kann z. B. der Hauptsatz auch ein tonisch selbständiger — kein Vordersatz — sein, und häufiger von dem Zusammenfallen des Schluss- und Anfangstaktes Gebrauch gemacht werden (§ 13). Frühere Arbeiten dürfen benutzt werden.

§ 31.
Der erste Theil der Sonatine in Moll.

Steht die Sonatine in Moll, so wendet sich der Vermittlungssatz statt zur Oberdominante zur **Paralleltonart**, die vom Seitensatz an bis zum Schluss herrscht.

Wäre z. B. das zum vorigen § gegebene Muster in C moll, so müsste der Vermittlungssatz nach Es dur hinüberführen:

Einen sehr kurzgefassten ersten Theil der Moll-Sonatine finden wir in Beethoven's Gmollsonate, op. 49, No. 1. Wie in der Kuhlau'schen Sonatine, bildet hier der Hauptsatz einen Vordersatz mit Halbschluss.

Der regelrecht beginnende Nachsatz gestaltet sich als Vermittlungssatz, und modulirt (halbschlussartig) auf die Dominante der Parallele,

wo alsbald der Seitensatz (nicht ohne melodische Verwandtschaft mit dem Hauptsatz) eintritt, sich über 9 Takte ausdehnt, alsdann die letzten 5 Takte wiederholt, also gegen den Hauptsatz unverhältnissmässig lang erscheint.

Sonatine. § 32.

Zweites Thema.

182

Der Schlusssatz entlehnt seinen Inhalt dem Seitensatz:

183

Anhang fehlt.

Doch kann man auch sagen, dass an Stelle des Schlusssatzes die letzten fünf Takte des Seitensatzes wiederholt werden, zumal diese einen selbständigen Satz bilden. Die oben als Schlusssatz bezeichneten fünf Takte werden dann als Anhang betrachtet. Dann gestaltet sich das Schema der Construction:

>Hauptsatz: 8 Takte. (Vordersatz)
>Vermittelungssatz: 7 Takte. (Nachsatz).
>Seitensatz: 9
>Schlusssatz: 5 (dem Seitensatz entnommen).
>Anhang: ⌣5 (an den Seitensatz anknüpfend).

So betrachtet, eignet sich die Form besser zum Muster für den jungen Componisten. Ueberhaupt ist die metrische Construction für die Formbildung wichtiger, als der melodische Zusammenhang.

Einundzwanzigste Aufgabe.

Componire erste Theile von Sonatinen in Moll.

§ 32.

Der dritte Theil der Sonatinenform in Dur.

Der dritte Theil der Sonatinenform unterscheidet sich vom ersten dadurch, dass alle Theile in der gleichen, nämlich der (vorgezeichneten) Haupttonart stehen. Hiervon abgesehen, nimmt er ganz denselben Verlauf.

Vom Seitensatz an ist also alles aus der Dominante in die Tonica zu transponiren, ob Quarte höher oder Quinte tiefer, darüber entscheide die ästhetische Wirksamkeit.

Der Vermittlungssatz wird hier zum blossen Zwischensatz, da man der Modulation nicht mehr bedarf. Die No. 177 gegebene Kuhlau'sche Sonatine behält ihn bis zum Modulationspunkt wörtlich bei und transponirt dann die modulirenden Takte 15 und 16 in die Tonica:

184   Seitensatz.

Der Anhang wird in der Regel zu festerem Abschluss ein wenig verlängert, in der Kuhlau'schen Sonatine durch zwei Cduraccorde. In Beethovens Gmoll-Sonatine werden Schlusssatz und Anhang erheblich verlängert, worin schon ein Hinweis auf den Beethoven'schen Zusatztheil der Sonatenform erscheint.

Der dritte Theil ist also im wesentlichen Wiederholung des ersten ohne Modulation, wird auch deshalb Reprise, Wiederholung, genannt.

Es wäre methodisch nicht ungeschickt, die Arbeiten zur Sonatine und Sonate mit dem dritten Theile zu beginnen, und aus diesem dann den ersten zu bilden, indem man den Zwischensatz zwischen Haupt- und Seitensatz zum Modulationssatz umarbeitet. Jedenfalls wird der junge Componist bei seinen Entwürfen so verfahren können, wenn ihm einmal die Modulation entgeht. Er wird dann erst den dritten Theil bilden, und aus diesem durch hinzugefügte Modulation den ersten. Diese Bemerkung gilt für alle Theile dieses Abschnittes.

Anmerkung. Man unterscheide wohl zwischen **Theilen**, den grossen Hauptabschnitten des ganzen sonatenförmigen Satzes, und **Gliedern**, den Unterabtheilungen der Theile. Auch bediene man sich nicht der populären Ausdrücke »erstes, zweites Thema«, die schwankend und ungenau sind, sondern der hier gegebenen musikalisch-technischen Ausdrücke: Hauptsatz, Vermittlungssatz etc.

Zweiundzwanzigste Aufgabe.

Bilde hiernach zu sämmtlichen Dur-Sonatinen (Aufgabe 20) den dritten Theil.

Der wesentlichsten Veränderung unterworfen wird im dritten Theil der Vermittlungssatz, der im ersten Theil die Bedeutung eines Modulationssatzes hatte, und als solcher jetzt eigentlich überflüssig ist. Nichtsdestoweniger wird er nur ausnahmsweise übergangen. Man entkleidet ihn der Modulation oder bereichert ihn durch innere Ausweichungen, um das Ebenmaass der Form nicht zu erschüttern. Denn für diese sind die metrischen Verhältnisse der Theile und Glieder wichtiger als die harmonischen. In den bisher angeführten Mustern und den darnach ausgeführten Arbeiten entlehnte der Vermittlungssatz seinen Inhalt vom Hauptthema, ja liess sich meist als Nachsatz desselben an: — ein Nachsatz, der, noch eine Stelle des Quintenzirkels weiter modulirend, sich von neuem als Vordersatz gestaltete. Der Vermittlungssatz wird aber zuweilen aus neuen Motiven gebildet, besonders wenn das Thema tonisch abgeschlossen ist und in Folge dessen dem Vermittlungssatz nicht gleich einen Anknüpfungspunkt bietet. In diesem Falle würde der dritte Theil durch Beseitigung des Vermittlungssatzes eines wesentlichen Momentes des Inhalts beraubt werden.

§ 33.

Der dritte Theil der Sonatine in Moll.

In Moll hält der dritte Theil nicht nur die Haupttonart, sondeen auch das Haupttongeschlecht fest. Der Seitensatz und was ihm folgt, erhält daher eine viel wesentlichere Veränderung als in der Dur-Sonatine. Deshalb würde sich in der Moll-Sonatine das Verfahren, den dritten Theil zuerst zu componiren, welches § 31 erwähnt wurde, noch mehr empfehlen als in der Dur-Sonatine.

128 Sonatine. § 33.

Dreiundzwanzigste Aufgabe.

Bilde zu den componirten ersten Theilen der Mollsonatine die dritten Theile, wobei Seitensatz und Schluss in die tonische Molltonart übertragen wird.

In der kleinen Emoll-Sonatine von Mozart, deren Hauptsatz, tonisch abschliessend, 8 Takte, hier No. 29 gegeben ist, gestaltet sich der Verlauf des dritten Theiles in folgender Art:

185 Vermittlungssatz: 8 Takte

Dieser Satz ist als vollkommen selbständig zu betrachten, wenn auch das ihn ganz und gar einnehmende Motiv dem dritten und vierten Takte des Hauptsatzes (vom vierten zum vierten Viertel) entnommen ist. Jetzt folgt vorschriftsmässig in Haupttonart und Mollgeschlecht der Seitensatz, in welchem wir die Imitation der Geige wieder nur andeuten.

Ganz kurz gestaltet sich nun der Schlusssatz:

dem noch ein Anhang im E moll-Arpeggio von drei Takten folgt.

Im ersten Theil dieser Sonatine findet sich nun vorschriftsmässig Seitensatz, Schlusssatz und Anhang in der Paralleltonart: G dur. Aber der Vermittlungssatz modulirt dort nicht nach der Dominante von G dur, sondern verhält sich ganz genau so, wie hier, mit seinem Halbschluss E moll.

Ohne Zweifel erschien dem Componisten die — technisch kinderleichte — Modulation dem Inhalte widersprechend, ästhetisch unzulässig.

Deshalb schaltete er im ersten Theil zwischen der Mollseite — Hauptsatz und Vermittelungssatz — und der Durseite — Seitensatz und Schluss -- einen Satz von 10 Takten ein:

Zweiter Vermittlungssatz. Violine.

der sofort in G dur einsetzt (das etwas Brusque dieser Modulation schien dem Charakter des Werkes angemessen), und, zuletzt auf der Dominante von G dur einen Halbschluss bildend, den Eintritt des zweiten Themas vorbereitet.

Woher aber stammt dieser eingeschaltete Satz? Der erste Takt ist Gegenbewegung des ersten Taktes des Hauptsatzes, die folgenden Motive sind dem sechsten Takte desselben entnommen.

Dieser Satz, der im ersten Theil das leistet, was der vorangehende hier nicht zu leisten vermag, fehlt also im dritten Theil. Im ersten aber ist er als eine Anomalie zu betrachten, anknüpfend an die veraltete Gewohnheit, vor dem Seitensatz noch einmal auf den Hauptsatz anzuspielen. Vielleicht aber hat Mozart hier den letzten Theil zuerst im Geiste fertig gehabt.

Es kommt auch vor, und gilt nicht als Unregelmässigkeit, dass man im dritten Theil das Ton**geschlecht** nicht verändert, sondern nur die Ton**art**, beispielsweise in einem G moll-Satz im dritten Theil Seitensatz, Schlusssatz und Anhang in G dur stellt. Der Schluss kann dann ebenfalls in Dur geschehen, aber auch nach Moll zurückgelenkt werden.

§ 34.

Ausfall der Modulation im ersten Theil.

Bei Dur-Sonatinen findet sich häufig statt der Modulation in die Oberdominante nur ein Halbschluss auf der Oberdominante. So schliesst z. B. Beethoven in der G dur-Sonatine, op. 49, den Vermittlungssatz mit ziemlich breiter **Halbschluss-Formel**, an die sich dann der Seitensatz in der Tonart der Oberdominante sofort anschliesst.

Ebenso Mozart in der D dur-Sonatine für vier Hände:

Sogar in grösseren Sonaten, die man sowohl ihrer Ausdehnung wie ihrem Inhalte nach nicht zu den Sonatinen rechnen kann, findet sich mitunter diese leichte Art, die neue Tonart einzuführen. In der D dur von Mozart z. B.

191 Allegro.

wird der Seitensatz ebenso an den Halbschluss angeknüpft.

192 Halbschluss.

Es ergibt sich hieraus der Vortheil, dass man im dritten Theil der Sonate Hauptsatz und Vermittlungssatz unverändert beibehalten kann, (aber selbstverständlich nicht muss).

Aendere auf diese Art einige der früheren Arbeiten.

§ 35.

Der zweite Theil der Sonatinenform.

Zwischen die beiden bisher eingeübten Theile der Sonatine tritt nun, die Mitte einnehmend, der zweite Theil.

Dieser zweite Theil beschäftigt sich entweder

1. als **Durchführung** mit Bestandtheilen des ersten Theiles, dient also zur **thematischen Arbeit**, oder

2. bringt **neuen Inhalt**, der aber keine geschlossene Form annehmen darf, da er sonst zur Rondoform übergehen würde, oder endlich

3. er bringt von beiden ein wenig. Die dritte Art ist die vorherrschende, weil sie zwischen der strengen Gebundenheit der ersten und der Willkürlichkeit der zweiten die angemessene Mitte hält.

Die **Länge** des zweiten Theiles ist sehr verschieden. Es finden sich Sonatinen mit einem solchen von wenigen Takten, zuweilen bloss eine Ueberleitungspassage in den Wiederanfang bildend, auch finden sich andere, die beinahe die Länge des ersten Theiles erreichen. Als allgemeine Regel für den Anfänger gilt, **dass der zweite Theil nicht kürzer, als etwa halb so kurz, nicht länger, als höchstens ebenso lang wie der erste Theil sei.**

Vierundzwanzigste Aufgabe.

Bilde hiernach zu sämmtlichen bisher componirten Sonatinen in Dur und Moll den zweiten Theil, die sogenannte Durchführung, und zwar zu jeder mehrere.

Stelle die gelungensten Sätze zu vollständigen Sonatinen zusammen.

Der zweite Theil der Sonatine wird gleich dem der dreitheiligen Liedform häufig mit der Reprise zusammen in Wiederholungszeichen eingeschlossen.

Betrachten wir jetzt einige Mustersonatinen.

In der G dur-Sonatine von Beethoven, op. 49, stellt die Durchführung den 52 Takten des ersten Theiles — vierzehn Takte gegenüber.

Thematische Verarbeitung des Hauptsatzes.
193

134 Sonatine § 35.

f A moll bis
p
Halbschluss E moll.

Halbschlussformel auf der Dominante von E moll.

Sequenz durch den Quartenzirkel E moll

bis G dur.
Reprise

Die ersten sechs Takte beschäftigen sich mit dem Hauptthema, das Folgende bringt wenig bedeutende Formeln, die eben nichts weiter leisten, als in die Reprise zurückführen und durch ihre Unbedeutendheit die Bedeutung des nun wieder eintretenden Themas erhöhen.

In Mozart's Emoll-Sonatine (No. 185) treten den 39 Takten des ersten und 29 Takten des dritten Theiles im zweiten Theil 15 Takte entgegen. Der Anfang knüpft an den Hauptsatz an, das Uebrige ist frei, ebenfalls formelhaft, aber bedeutender.

Sonatine. § 35.

Beide Sonatinen zeigen also wenigstens **thematische Anknüpfung**, doch überwiegt unabhängige Gestaltung.

Dagegen hat die Durchführung der G moll-Sonatine von Beethoven vorherrschend thematischen Inhalt. Gleich die Einführung, eine Modulation nach Es dur, knüpft an den Seitensatz an:

Hierauf folgt eine ganz neue Episode eines 2 × 4 taktigen Sätzchens von tonischer Abrundung in Es dur:

Die folgenden achtzehn Takte gehören aber thematisch dem Seitensatz, welcher bekanntlich (S. 121) in diesem Werke mit dem Hauptsatz thematisch verwandt ist.

Ganz frei gestaltet sich der Inhalt in unserer kleinen **Muster-Sonatine** von **Kuhlau**.

Hier beginnt der zweite Theil mit der Bearbeitung des neuen rhythmischen Motives,

zu einem viertaktigen Satz und entlehnt nur die an sich nichtssagende Begleitungsfigur der linken Hand dem Anfang. Dann folgt in rhythmischer Variation

nach abermais 4 Takten Trugschluss in As dur, welcher zu einem Halbschluss auf der Dominante von C moll, und von da an in alltäglichen Tonleiter- und Fünfton-Passagen in die Reprise führt. Diese Passagen kann man allerdings als thematische Anknüpfung an Schlusssatz und Anhang des ersten Theiles betrachten, wenn sie bei ihrer unbedeutenden Alltäglichkeit überhaupt thematische Ansprüche erheben dürfen. Diese Unbedeutenheit, Alltäglichkeit, Formelhaftigkeit der Durchführungen ist kein Vorwurf für die hier angeführten Compositionen, die **vollkommene Muster** ihrer Gattung sind. Vielmehr sind diese Eigenschaften der Sonatine wesentlich, weil der Durchführungssatz derselben auf die Wiederholung der Themata in der Reprise nicht nachtheilig einwirken darf. Die ganze Durchführung ist hier gewissermassen eine Cadenz auf dem Septimenaccord, der von der Oberdominante in die Tonica zurückführt. Auch erhält sie der ganz und gar tonischen Reprise gegenüber das Gleichgewicht der Dominante aufrecht.

B. Die Sonate.

Durch Ausdehnung der Formglieder und in Folge dessen des Ganzen entsteht aus der Sonatine die Sonate. Das gegenseitige Verhältniss der Theile und Glieder bleibt dasselbe, sowohl hinsichtlich der Modulation, als der Ausdehnung und metrischen Gestaltung im allgemeinen. Auch die grosse Sonate ist nichts weiter, als eine Sonate von ungewöhnlicher Grösse der Dimensionen. Die Benennungen seitens der Componisten sind indessen schwankend. Sonaten sind z. B. die pathétique, D moll, F moll, op. 2; grosse Sonaten die C dur, op. 53, F moll, op. 57 (appassionata), B dur, op. 106.

Der erste Theil der Sonatenform.

§ 36.

Ausdehnung des Hauptsatzes.

a) Durch Wiederholung meist mit Anhang.

Ist der Hauptsatz von hinreichender Bedeutung, insbesondere von charactervoller rhythmischer Construction, so kann er wiederholt werden, wobei der Schluss der Wiederholung zugleich als Anknüpfungspunkt für das Folgende gelten soll.

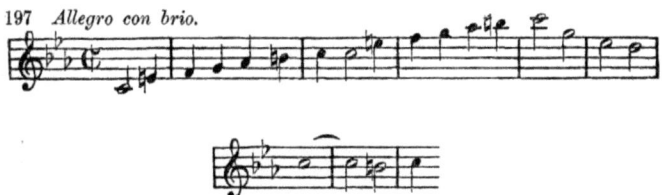

Dieses berühmte Thema aus Beethoven's Sonate pathétique, op. 13, eignet sich durch den charactervollen Gegensatz seiner beiden Theile zur Wiederholung, und es verlangt diese Wiederholung, weil es in dem vorgeschriebenen schnellen Tempo sich mit einem Male nicht gehörig einprägt. Bei der Wiederholung macht es aber einen Halbschluss,

dem sich eine Halbschlussformel im Orgelpunkt in 8 Takten anschliesst. Auf diese folgt der Vermittlungssatz. In harmonischer Beziehung haben hier gewissermassen Vorder- und Nachsatz ihren Platz gewechselt. Erst kommt der Ganzschluss, dann der Halbschluss.

In der Es dur-Sonate, op. 31, wiederholt sich der Hauptsatz mit tonischem Schluss, der durch einen Anhang von $2 \times 4 + 2 \times 2$ Takten bekräftigt wird.

Der aus zwei thematisch verschiedenen Sätzen bestehende Hauptsatz der A dur-Sonate, op. 2, wird abgekürzt wiederholt. Er schliesst das erste Mal in der Dominanttonart, E dur, das zweite Mal in der Haupttonart, A dur, wo dann unmittelbar, ohne Anhang, der Vermittlungssatz eintritt.

In der A dur-Sinfonie besteht der Hauptsatz aus einer kleinen Periode, einem verlängerten zweiten Theil und der Wiederholung der Periode mit bedeutender Verlängerung und Schlussformel, die unmittelbar auf *cis-e-ais* und damit in den Vermittlungssatz führt.

Auch in der Pastoralsinfonie beruht die Ausdehnung des Hauptsatzes, der tonisch abschliesst, wesentlich auf Wiederholung. Ebenso in dem sonatenförmigen langsamen Satz dieser Sinfonie.

b) Durch Hinzufügung

eines zweiten Satzes, der sich zum ersten gleichsam als Nachspiel, Coda oder Refrain verhält; eine bei Mozart häufige Form.

Hauptsatz. § 36.   139

In der Es dur-Sinfonie dieses Meisters bildet der Hauptsatz die folgende, hier, um Raum zu sparen, nur im dürftigsten melodischen Auszug gegebene 14 + 14 ⌣taktige Periode:

Mozart.
199   *Allegro.*

Auf dem (hier noch fehlenden) Schlusstakt dieses innig zarten Satzes, setzt nun ein feuriges *forte*, gleichsam als »Tutti« ein, welches 18 Takte zählt:

200

Auf dessen Schlussaccord beginnt der Vermittlungssatz (Modulationssatz).

Aesthetisch unterscheidet sich das vorstehende Beispiel wesentlich dadurch von dem zuerst angeführten, dass dem zweiten Thema ein zarterer Nachklang folgt, der in dem Anhang zu verklingen scheint. Die kleinere Form der Theile hat die kürzere Fassung des Ganzen zur Folge.

Im Finale der Cis moll-Sonate (op. 27) verlängert sich der Hauptsatz durch folgenden Orgelpunkt auf der Dominante:

der im wesentlichen eine Halbschlussformel ist, aber eine jener geist- und charaktervollen, welche Beethoven an die Stelle der früher üblichen Allerweltsschlüsse setzte.

Mit einer Art von Vorspiel beginnt Beethoven den Hauptsatz der grossen B dur-Sonate op. 106, und fügt einen zweiten Satz in B dur hinzu, der auf der Dominante schliesst und in den Vermittlungssatz führt.

c) Durch Periodenbildung.

Die grosse Periode ist wegen ihrer abgeschlossenen Form als Glied des Sonatensatzes weniger verwendbar. Oft aber bildet der Hauptsatz einen durch Wiederholung oder Hinzufügung, auch durch beides erweiterten Vordersatz, an den sich zunächst scheinbar als Nachsatz mit gleichen Motiven der Vermittlungssatz anreiht; dieser also, anstatt sich mit dem Vordersatz periodisch zusammenzuschliessen, greift über in das System einer neuen Tonart. (Mozart, Sinf. C. und g.)

Indessen haben wir schon oben ein Mozart'sches Beispiel gehabt, in welchem sich eine grosse Periode mit einem andern Satze zum Hauptsatz vereinigte. Es finden sich auch ausgedehnte Perioden, welche allein den ganzen Raum des Hauptsatzes in Anspruch nehmen.

Der Hauptsatz der E moll-Sonate, op. 90, hat die Form einer dreitheiligen Periode.

203 Beethoven. Erster Theil. 4×2 Takte, viermalige Phrase (§ 1, 2).

Zweiter Theil, $2 \times 2 + 2 \times 1 + 2$

Dritter Theil.

$2 \times (2 \times 2) + 4 \times 1$

142   Hauptsatz. § 36.

Hier sehen wir schon die ersten vier Takte einen Halbschluss bilden, der sie als Vordersatz einer Periode zu charakterisiren scheint. Die Fortsetzung gestaltet sich aber nicht zur Periode, sondern bildet abermals einen Halbschluss (mit dem übermässigen Sextaccord). Auch ästhetisch fehlt durch die vorwärts treibende Behandlung der Motive der Charakter des Nachsatzes, wenngleich sie aus dem des ersten Vordersatzes entwickelt sind. Jetzt erst beginnt der eigentliche Nachsatz, welcher sich dem achttaktigen Vordersatz mit sechzehn Takten entgegenstellt. Die Verlängerung knüpft sich an das Motiv , welches viermal erscheint, und zu einem thematisch freien Schlusse führt.

Die an den vorstehenden Beispielen beobachtete ungewöhnliche Dreitheiligkeit und Dehnung des Nachsatzes nimmt der Periode den in sich geschlossenen, der Sonatenform widersprechenden Charakter.

In der **Cmoll**-Sinfonie bildet Beethoven, nach 5 Takten Einleitung, einen ausgedehnten Vordersatz von 16 Takten. Diesem entspricht — nach 3 Takten der Einleitung — ein Nachsatz von 20 Takten. Die Dehnung um 4 Takte ergiebt sich aus dem Motiv des Vordersatzes:

welches im Nachsatz auf folgende Art umgestaltet und ausgeführt wird:

Beginn des Vermittlungssatzes.

Dieser Hauptsatz stellt also eine grosse Periode dar, welche — ausser den acht Takten, welche auf die Einleitung fallen, — 36 Takte umfasst. Der Nachsatz dieser Periode ist aber durch Theilung und anstrebende Bewegung des Motives rhythmisch so construirt, dass er das Gefühl des Schlusses nicht aufkommen lässt, sondern unaufhaltsam weiterdrängt: die **hohe Kunst** der Sonatenform, die Cadenzen durch rhythmische Construction zu vermeiden.

Selbstverständlich gibt es noch andere Arten, den Hauptsatz zu verlängern. Nach den vorstehenden Erörterungen wird es dem jungen Componisten leicht, dieselben in den Werken der Meister aufzufinden und nachzubilden.

Fünfundzwanzigste Aufgabe.

Bilde nach der hier gegebenen Anleitung ausgedehnte Hauptsätze der Sonatenform bis zum Eintrittspunkt des Vermittlungssatzes. Verwende dazu so viel wie möglich schon vorhandenes Material.

Warnung!

Man hüte sich ja, diese Sätze in Form von dürftigen melodischen Auszügen, wie sie hier theilweise gegeben werden müssen, zu componiren und nachher den harmonischen Satz hinzuzufügen. Dieses Verfahren macht den Satz oberflächlich, trocken und altmodisch, weil es auf unkünstlerischer Abstraction beruht; vielmehr soll der junge Künstler stets den ganzen harmonischen Satz im Kopfe haben, sowie die Darstellung durch dasjenige Organ, dessen er sich gerade bedient.

Um der Anregung der Phantasie auch etwas Ganzes zu bieten, folgen hier einige Muster von Beethoven in vollständiger Mittheilung.

Muster.

Beethoven. Hauptsatz des F dur-Quartetts op. 18.

Hauptsatz. § 36.

Anhang zum Nachsatz, gleichsam zweiter Nachsatz.

Ausdehnung durch Periodenbildung und Hinzufügung.

Hauptsatz des Cdur-Quartetts op. 59.
208   *Allegro vivace.*

Hauptsatz. § 36.

Ausdehnung durch Wiederholung und Hinzufügung.

148 Hauptsatz. § 36.

209 Presto. Hauptsatz der A moll (Kreutzer-) Sonate.

Hauptsatz. § 36. 149

Hauptsatz. § 36.

§ 37.

Der Vermittlungssatz.

Der Vermittlungssatz ist im ersten Theile der Sonatenform bekanntlich **Modulationssatz**, durch den die neue Tonart (des Seitensatzes) eingeführt wird. In Dursonaten ist die Tonart des Seitensatzes regelmässig die der **Dominante**, in Moll-Sonaten die der **Parallele** oder der **Dominante in Moll**. In einer C dur-Sonate ist also nach G dur, in einer C moll-Sonate nach Es dur oder G moll zu moduliren. Das Verfahren der Modulation ist dabei ein mehr oder weniger durchgreifendes.

1. Bei der Sonatine lernten wir S. 131 ein Verfahren kennen, welches nur einen Halbschluss auf der Oberdominante macht und darauf das zweite Thema in der Tonart der Oberdominante folgen lässt. Ein so loses Verfahren findet sich in der grösseren Sonate zwar selten, aber es findet sich doch, besonders bei Mozart. (Vgl. hier No. 191, 192.) In diesem Fall ist also die leichte Aufgabe des Vermittlungssatzes einen Halbschluss in der Haupttonart herbeizuführen.

2. Gründlicher geschieht die Modulation, wenn die Einführung der neuen Tonart durch ihre Dominant-Septimenharmonie geschieht, wie in der als Muster gegebenen Sonatine von Kuhlau. Hier geht dem Eintritt des Seitensatzes doch der Dominant-Septimenaccord seiner Tonart voraus. (Finale der Cis moll-Sonate.) Diesem gleich zu achten ist das Verfahren, die neue Tonart durch ihren eigenen Halbschluss einzuführen. (D moll-Sonate, Finale. Halbschluss IV V mit durchgehendem übm. Sextaccord.)

3. Am gründlichsten aber, und in grossen Sonaten am häufigsten, ist das Verfahren, über die neue Tonart hinweg in ihre Oberdominante zu moduliren. Will man beispielsweise von C dur nach G dur, so modulirt man erst nach D dur und von da, gewissermassen zurück, nach G dur. Will man von a moll nach e moll, so modulirt man nach H dur als Oberdominante von e moll. Diese Oberdominante der Oberdominante wird wie in der Harmonielehre (III. Auflage, Seite 174 f.)

152 Vermittlungssatz. § 37.

Wechseldominante genannt, in der Formenlehre als diejenige Harmonie, mit der der Wechsel der Tonart bewerkstelligt wird. (Vgl. des Verf. »Partiturstudium: Modulation der clàssischen Meister«, S. 345.) Steht in Moll-Sonaten der Seitensatz in der Parallele, wie bei Mozart immer, bei Beethoven oft, so modulirt der Vermittlungssatz in die Dominante der Parallele, auf die es aber nicht üblich ist, den Namen »Wechseldominante« anzuwenden. Will man von C moll nach Es dur, so modulirt man nach B dur, Dominante der Parallele.

So modulirt z. B. Mozart in der G moll-Sinfonie, obgleich er die Parallele schon erreicht hat, noch in deren Oberdominante, ehe er den Seitensatz in B dur aufstellt.

Zwischen den beiden zuletzt aufgestellten Verfahrungsweisen liegt diejenige in der Mitte, welche einen Ganzschluss in der neuen Tonart macht, wie in der D dur-Sonate op. 10 von Beethoven.

Vermittlungssatz. § 37.

Der Vermittlungssatz selbst zeigt nun in seiner erweiterten Gestalt in der Sonate meist eine der folgenden Constructionen:

a) Dem Hauptsatz thematisch entlehnt,

knüpft er an diesen als Nachsatz oder Wiederholung an, und leitet die Motive desselben in die neue Tonart. So Beethoven in Finale der Cismoll-Sonate, wo der Hauptsatz als Vordersatz mit dem in No. 202 gegebenen Anhang schliesst. Nach der Fermate scheint der Nachsatz zu beginnen, wenigstens erscheint sofort wieder der Anfang:

Anstatt sich aber in die Haupttonart zurückzuwenden, modulirt der Satz mit dem Hauptmotiv, welches schliesslich eine etwas weichere Gestalt annimmt, nach der Oberdominanttonart gis moll, wo dann alsbald der Seitensatz beginnt.

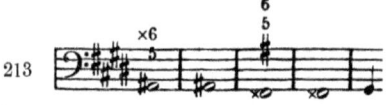

Schliesst der Hauptsatz tonisch, so tritt an Stelle des Nachsatzes die Wiederholung, so in ziemlich kleinem Rahmen in der Amoll-Sonate von Mozart. Das Thema ist ein achttaktiger Satz,

154   Vermittlungssatz. § 37.

auf dessen letztem Takte die Wiederholung, und mit ihr der Vermittlungssatz eintritt.

214 Als Wiederholung anknüpfender Vermittlungssatz.

Wie in dem Beethoven'schen Beispiel dem modulirenden Nachsatz eine Schlussformel auf der Dominante voranging, so folgt in diesem Mozart'schen Beispiel eine solche Formel auf die Modulation des Vermittlungssatzes.

In der Es dur-Sonate, op. 31, knüpft der Vermittlungssatz nach wiederholtem Hauptsatz (§ 36a) mit dem Hauptmotiv desselben an, um schliesslich mit dem zweiten Motiv die vorgeschriebene Modulation zu machen.

Vermittlungssatz. § 37.

In der Neunten Sinfonie (d moll) gestaltet sich der Vermittlungssatz auf dem Gipfel der sinfonischen Kunst bei erhabenstem geistigen Inhalt formell ebenso. Er knüpft im 36. Takt an den Hauptsatz in seinen beiden Bestandtheilen an und befindet sich im 74. auf der Dominante der Tonart des Seitensatzes: hier ausnahmsweise statt der Parallele der Untermediante (B dur).

b) Selbständig.

Der Vermittlungssatz bildet sich aus eigenen Motiven. So in der Es dur-Sinfonie von Mozart. An den unter No. 199 u. 200 gegebenen Hauptsatz des ersten Allegro schliesst sich der Vermittlungssatz unmittelbar an mit dem Motiv:

dessen zweiter Takt den Zweiunddreissigsteln der Einleitung (Adagio) thematisch verwandt ist.

Dasselbe, ein Zweitakt, wiederholt sich modulirend fünfmal:

setzt sich in F dur auf einem Orgelpunkte fest,

um dann mit einem anderen Motiv:

nach B dur, in den Seitensatz zu lenken.

156 Vermittlungssatz. § 37.

Ganz selbständig befindet sich in der Don-Juan-Ouverture der Vermittlungssatz zwischen dem Haupt- und Seitensatz. Von Beethoven gehören hierher: Finale der Cmoll-Sinfonie, vorherrschend das erste Allegro der A dur-Sinfonie (Takt 47 bis 68), der erste Satz der Pastoralsinfonie, der D dur-Sonate, op. 10, u. v. a.

c) a u. b vereinigt.

Der Vermittlungssatz knüpft an den Hauptsatz an, schreitet aber zu eigener Satzbildung fort.

In der Gmoll-Sinfonie bildet Mozart das Thema in Gestalt eines ausgedehnten Vordersatzes von 16 Takten. An diesen Vordersatz schliesst sich nun der Vermittlungssatz zunächst als Nachsatz an:

Hier sehen wir also den Vermittlungssatz als Nachsatz beginnen und zu selbständiger Satzbildung fortschreiten, bevor er in den Seitensatz hinüberleitet. Eigenthümlich ist es, dass dieser neue Satz sich in der Tonart des Seitensatzes schon befindet, und doch wieder in diese modulirt. Dieselbe Art der Modulation finden wir in Mozart's Cmoll-Sonate (vgl. No. 35), in welcher der Vermittlungssatz an das erste Motiv des Hauptsatzes scheinbar wiederholend anknüpft, mit einem Schlag nach Es dur modulirt, dort einen neuen Satz aufstellt und diesen in die Dominante leitet. In der

Es dur-Sonate, op. 7, verfährt Beethoven ähnlich, schliesst aber den Vermittlungssatz, wie No. 211, nicht in der Dominante, sondern in der Tonica des Seitensatzes, B dur.

Sechsundzwanzigste Aufgabe.

Bilde nach den hier angegebenen Weisen zu den Hauptsätzen der vorigen Aufgabe Vermittlungssätze, welche auf eine der S. 151 unter 2. und 3. angegebenen Arten die Tonart des Seitensatzes einführen.

Der Vermittlungssatz soll vorwärts dringen, zu einem neuen Ziele führen, man darf ihn daher nicht mit thematischer Arbeit überhäufen, wodurch sich viele neue Componisten schaden.

§ 38.

Der Seitensatz.

Der Seitensatz steht gewöhnlich im hervortretendsten Gegensatz zum Hauptsatz. Besonders gestaltet er sich gern gesangreicher, wenn der Hauptsatz figurativ sehr ausgebildet war. Im Uebrigen zeigt seine Construction eine ebenso grosse Mannigfaltigkeit, wie die des Hauptsatzes, ja oft ist er reicher an Motiven und enthält die bedeutendste Modulation des ersten Theiles.

Die Ausdehnung des Seitensatzes ist in der Regel ein wenig grösser als die des Hauptsatzes ohne Vermittlungssatz, aber bedeutend geringer als die des Hauptsatzes mit Vermittlungssatz. Wir geben unten zwei Seitensätze als Probe der Construction.

Der Seitensatz ist bei den ersten Arbeiten in seiner Tonart fest abzuschliessen, wenn es auch nicht an Meisterwerken fehlt, in denen er unmittelbar in den Schlusssatz führt, wie im ersten Satz der C moll- und A dur-Sinfonie. Die Fälle, wo Schluss des Seitensatzes und Anfang des Schlusssatzes zusammenfallen, wie im Finale der C moll-Sinfonie, gehören aber nicht zu diesen, sondern sind als regelmässig zu betrachten.

Die Tonart des Seitensatzes ist (§ 37):
    in Dur: die Oberdominanttonart,
      in Moll: die Parallele oder die Oberdominanttonart in Moll.

In den bekanntesten und zugänglichsten **Sinfonien, Sonaten, Quartetten** von **Beethoven**, den drei letzten Sinfonien von **Mozart** (G moll, Es dur, C dur) und andern sonatenförmigen (ersten) Sätzen dieser Meister und **Haydn's, hat der Schüler hiernach die Construction des Seitensatzes zu prüfen, und ihr Verhältniss zum Hauptsatz festzustellen.**

220 **Beethoven.** Finale der Cis moll-Sonate.
Allegro.
Zweites Thema. Gis moll.

Mozart. Erster Satz der C moll-Sonate.
Allegro.
Zweites Thema. Es dur.

Tonica — Dominante.

Beethoven.

Wiederholung, in Klang und Figuration gesteigert.

Mozart.

bewegung.   Wiederholung: Dominante —

Beethoven.

Trugschluss
Mozart.   Neues Motiv.

Tonica.   Neues Motiv.

Seitensatz. § 38.

Man sieht, dass sich auch hier die beiden grossen Meister nicht an die Motive der ersten Takte halten, sondern diese nach einmaliger Wiederholung verlassen, um in neue überzugehen. Der Satz selbst aber wird vollkommen geschlossen.

Siebenundzwanzigste Aufgabe.

Componire die Seitensätze zu den bisherigen Arbeiten. Auch hierbei ist möglichst früheres geeignetes Material zu verwenden — nicht um die Anstrengung der Phantasie zu ersparen, sondern weil es sich hier nicht um Erfindung, sondern um Formbildung handelt, und nicht das Genie, sondern der Geschmack erzogen wird.

Ein Beispiel, wo zwischen dem abgeschlossenen Seitensatz (16 taktige Periode) und dem folgenden Schlusssatz ein Vermittlungssatz (mit neuen Motiven) eingeschaltet wird, findet sich in der F dur-Sonate von Mozart, deren Thema No. 201 gegeben ist.

Schlusssatz beginnt auf seiner Unterdominante.

Noch erheblicher ist in der Kreutzer-Sonate der zwischen Seitensatz, E dur, und Schlusssatz, e moll, eingeschaltete Vermittlungssatz, der die ganze Modulation noch einmal vollzieht. Im ersten Falle ist es zulässig, den neuen Vermittlungssatz für einen ganz eigenartigen Vordersatz des Schlusssatzes zu halten, im zweiten Falle wird die Annahme eines derartigen Nachsatzes zum Seitensatz dadurch erschwert, dass sich der neue Vermittlungssatz an die Motive des Hauptsatzes anlehnt.

§ 39.

Der Schlusssatz.

In ästhetischer Hinsicht nähert sich der Schlusssatz in der Regel wieder dem Charakter des Hauptsatzes, besonders wenn dieser lebhafter figurirt war. Seine Ausdehnung ist gewöhnlich derart, dass sie das Gleichgewicht in der Zweitheilung des Satzes ungefähr herstellt (§ 30).

Technisch hat er im Ganzen den Charakter einer ausgedehnten Schlussformel über ein melodisches Motiv. Man findet den Schlusssatz sowohl wiederholt als auch zusammengesetzt.

Von vollendeter Klarheit ist der Schlusssatz der Cis moll-Sonate von Beethoven. Er schliesst sich unmittelbar dem Seitensatz an, und wird in Steigerung wiederholt.

wiederholt sich mit längerem Schluss

Der Schlusssatz in Mozart's Gmoll-Sinfonie bildet sich aus drei Sätzen.

Dritter.

folgt Anhang.

Den ersten könnte man wegen thematischer Verwandtschaft (Gegenbewegung) auch wohl noch zum Seitensatz rechnen.

Bisweilen erscheint der Schlusssatz nur als ein Anhang zum Seitensatz. So in Beethovens Emoll-Sonate, op. 90. (Vgl. § 36 No. 203.)

Zuweilen ist das Thema des Schlusssatzes von grosser Selbstständigkeit, vorzugsweise wenn die des Seitensatzes verhältnissmässig gering war. So hat die Freischütz-Ouvertüre das berühmte Thema der Agathenarie (vgl. No. 176) im Schlusssatz. Auch der schon erwähnte Schlusssatz in der Kreutzersonate ist ein bedeutendes und selbständiges Thema.

225   Kreutzer-Sonate: Schlusssatz des ersten Allegros.
Presto.   Pianoforte in Octaven.

§ 40.
Der Anhang.

Der Anhang, der uns von der Sonatinenform her als fünftes Formglied bekannt ist, beschränkt sich auch in der Sonatenform zuweilen auf einige Accorde, doch kommt es auch vor, dass er grössere Dimensionen annimmt, ja mehrere kleine Sätze einschliesst. Mustergültig in Bezug auf klare Sonderung der Theile und normale Beschaffenheit derselben ist hier wieder die Cismoll-Sonate, wo sich an den No. 222 gegebenen Schlusssatz als Anhang folgender gleichsam verklingende Satz anschliesst. Construction: $2 \times 2 + 2 \times 1$.

Anhang. § 40.

226

227 Beethoven, C moll-Sinfonie.
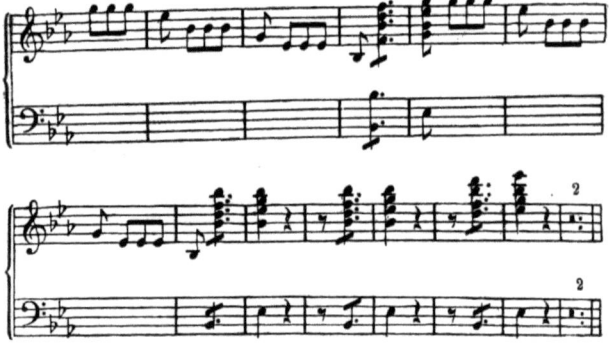

Mozart, G moll-Sinfonie.

228

Anhang. § 40.

Ein Beispiel, wo der Anhang aus zwei verschiedenen Theilen besteht, bietet die F dur-Sonate von Mozart (No. 201).

Nur zwei Accorde hat die Emoll-Sonate, Beethoven op. 90, aufzuweisen. Diese schliessen sich an No. 224 an. Ausnahmsweise (sehr selten) fehlt der Anhang gänzlich.

§ 41.
Die Ueberleitung.

Von der Sonatine her (vgl. No. 177) ist uns bekannt, dass, behufs Anknüpfung der Wiederholung oder der Fortsetzung, sich an den Schluss des ersten Theiles ein Verbindungsglied mittelbar oder unmittelbar anschliesst. Das Bedürfniss eines solchen Gliedes ergibt sich aus dem Verhältniss des Schlusses zum Wiederanfang, resp. Fortgang in den zweiten Theil.

So bedient sich in der Cmoll-Sonate Mozart zu beiden Zwecken der dem Hauptthema entlehnten Figur:

Folgt das erstemal Wiederholung, das zweitemal Durchführung.

An den, No. 226 gegebenen Anhang im Finale der Cismoll-Sonate fügt Beethoven folgende Ueberleitung:

Beginnt die Wiederholung.

Diese Art, die Ueberleitung aus Motiven des Hauptthemas zu bilden, ist besonders bei Beethoven und dessen Nachfolgern sehr häufig, fast regelmässig.

In der Emoll-Sonate für Klavier und Violine bedient sich Mozart zum Ueberleitungssatz sogar eines aus dem Hauptthema gebildeten Canons,

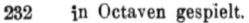

in Octaven gespielt.

(Vgl. No. 69.)

der sich im dritten Theil in der Haupttonart so wiederholt:

Achtundzwanzigste Aufgabe.

Ergänze die angefangenen Sonatensätze durch Schlusssatz und Anhang, nach Bedürfniss auch Anknüpfung der Wiederholung.

Durch die Aufgaben dieses Abschnittes befindet sich der junge Componist jetzt im Besitze mehrerer ersten Theile der Sonatenform. Wir gehen jetzt zu der leichten Arbeit der Bildung des dritten Theiles (Reprise) über.

Der dritte Theil der Sonatenform.
Reprise.

§ 42.

Der dritte Theil bildet sich aus dem ersten durch Vermeidung der Modulation. Man verfährt bei seiner Bildung ganz ebenso, wie in der Sonatine. Die Theile behalten im Ganzen ihre Dimensionen; Verkürzungen und Verlängerungen im Einzelnen sind natürlich nicht ausgeschlossen.

Durch den Wegfall der Modulation wird der Vermittlungssatz zwischen dem ersten und zweiten Thema eigentlich entbehrlich, und in der That gibt es einzelne Beispiele, wo er in der Reprise wegfällt. Hier ist wieder die herrliche Cismoll-Sonate anzuführen, welche im dritten Theile den Hauptsatz genau so, wie im ersten, auf einem Halbschluss mit Orgelpunkt und Fermate schliesst, dann aber — den Vermittlungssatz überspringend — sofort den Seitensatz beginnt.

Von da ab verläuft Alles regelmässig.

Auch in der Dmoll-Sonate, op. 31, fällt im dritten Theil der gross angelegte und festgeschlossene Vermittlungssatz des ersten Theiles gänzlich fort. Aber freilich hatte er sich schon in der Durchführung (II. Theil), oder vielmehr als Durchführung vollständig wiederholt.

In der Regel wird hingegen der Vermittlungssatz von den Meistern der Sonatenform beibehalten und häufig zu thematischer Arbeit ausgebeutet, dann sogar nicht selten erweitert.

Mozart benutzt diese Stelle in seinen späteren Werken gern auf diese Weise. So in der Gmoll-Sinfonie, wo er das charakteristische Motiv des Vermittlungssatzes (a)

(Vgl. No. 219.)

harmonisch und contrapunktisch interessant durchführt und gegen den ersten Theil um 21 Takte verlängert. In dem berühmten, im vierfachen Contrapunkt fugirten Finale der grossen Cdur-Sinfonie (vgl. des Verf. Contrapunkt und Fuge im freien [modernen] Tonsatz) benutzt er diese Stelle zu einer ebenso interessanten Engführung durch den Quartenzirkel.

236 · durch zwei andere Motive contrapunctirt.

Im ersten Satz der Cdur-Sinfonie fügt Mozart hier ebenfalls einen modulatorisch hervortretenden Satz ein, der zwar ebenso lang, aber gegen den ersten Theil modulatorisch und contrapunktisch gesteigert ist. Hier folgen beide Sätze zum Vergleich.

Dieses Verfahren ist auch hier dem jungen Componisten zu empfehlen. Er behalte den Vermittlungssatz bei, aber bereichere ihn auf angemessene Art.

Neunundzwanzigste Aufgabe.

Bilde hiernach zu den componirten Sonaten den dritten Theil.

§ 43.

Modulatorische Freiheit.

In Mollsonaten, deren Seitensatz nebst dem sich daran schliessenden Schlusssatz und Anhang der Uebertragung in Moll widerstrebt, setzt man statt dessen die

tonische Durtonart.

Diese modulatorische Freiheit findet man ausser in vielen Compositionen von Haydn namentlich bedeutsam in der **C moll-Sinfonie** von Beethoven. Hier gestattete der Seitensatz:

nicht die Uebertragung in Moll, in der es seinen Charakter ganz und gar eingebüsst hätte, deshalb erscheint es jetzt in der tonischen Durtonart: C dur:

172　Der dritte Theil. § 44.

in welcher dann auch der Schlusssatz folgt, dessen siegreiches Feuer ebenfalls der Uebertragung nach Moll widerstrebt.

Dass und auf welche Art der ganze Satz dennoch in Moll schliesst, bleibt einer späteren Erörterung vorbehalten. (Siehe § 47.)

Es sind hiernach einige Sätze entwurfsweise umzugestalten.

§ 44.

Modificationen der einzelnen Glieder im dritten Theile.

I. Des Hauptsatzes.

In der D moll-Sonatine verkürzt Beethoven den Hauptsatz um den grössten Theil seines figurativen Inhaltes, während er es um zwei Largo-Recitative verlängert.

Hierauf wendet er sich sofort mit den wenigen Modulationstakten

mit Ueberspringung des Vermittlungssatzes (§ 42) in den Seitensatz, der nun in D moll auftritt.

In der Pathétique-Sonate bildet er aus dem zweiten Theil seines Hauptsatzes einen Modulationssatz,

der hier an die Stelle des Vermittlungssatzes im ersten Theil tritt.

174   Der dritte Theil. § 44.

Solche Aenderungen beruhen auf einem richtigen Blick für die in dem bestimmten Falle gegebenen Verhältnisse und auf einer Sicherheit in der Beherrschung der Form, welche der junge Componist eben zu erwerben im Begriff ist.

II. Der Vermittlungssatz

wird bisweilen selbst transponirt, um unverändert bleiben zu können.

So z. B. im ersten Satz der Es dur-Sinfonie von Mozart, wo der Hauptsatz im dritten Theil zum Schluss in die Unterdominante geleitet wird, damit der unveränderte Vermittlungssatz in der Tonica schliesst. (Tonica bis Oberdominante gleich Unterdominante bis Tonica.)

III. Der Seitensatz

tritt in der Pathétique-Sonate zuerst in der Unterdominante auf, und wendet sich erst im dreizehnten Takt in die Tonica.

Beiläufig sei erinnert, dass dieses Thema im ersten Theil statt in Dur in der gleichnamigen Molltonart auftritt und erst seinen Schluss in Dur macht.

Der zweite Theil der Sonatenform:

§ 45.

Durchführungssatz.

Der Durchführungssatz der grossen Sonate soll sich ausschliesslich, oder doch fast ausschliesslich, mit den Themen und Motiven des ersten Theiles beschäftigen. Wo er es nicht thut, geschieht allemal der Bedeutung der Sonatenform Eintrag, wenn auch der Werth des Kunstwerkes an sich (d. h. ästhetisch) dadurch nicht betroffen wird. Immerhin ist der Inhalt desselben der grossen Sonatenform entweder nicht völlig gewachsen, oder, wie in der Eroica-Sinfonie, sie überragend.

In den Meisterwerken Mozart's und Haydn's ist die Durchführung meist bedeutend kürzer als die beiden andern Theile, etwa halb so lang, bei Beethoven erreicht sie die Länge der anderen Theile, ja ist in der Eroica sogar länger. Dies liegt darin, dass Beethoven's Genie in der **thematischen Arbeit** seine grössten Hilfsquellen fand, während die beiden erstgenannten Meister mehr in der Gegeneinanderstellung der Themata (Construction) ihre Aufgabe sahen.

§ 46.

Die thematische Arbeit.

Unter dem Begriff »thematische Arbeit« fast man alles zusammen, was möglicherweise mit einem Thema oder einem Theile eines solchen geschehen kann, sei es durch Harmonik, Figuration, Variation, Contrapunkt, Instrumentation; dabei ist jeder dieser Begriffe in weitester Ausdehnung zu nehmen. Also Alles, was durch irgend eine Satzweise aus einem Thema gemacht werden kann, fällt unter den Begriff der thematischen Arbeit.

In den Werken der classischen Meister unserer Instrumentalmusik, mit denen wir hier fast ausschliesslich beschäftigt sind, beschränkt die thematische Arbeit das Gebiet des Contrapunktes in der Regel auf die Imitation. Nur ausnahmsweise und in besonderer Absicht dehnt es sich auf die Formen der Fuge und des Canons aus*).

So berührt Mozart in der Zauberflöten-Ouverture, Beethoven in der Ouverture zur Weihe des Hauses die Fugenform, der letztgenannte in der Cmoll-Sonate für Violine und Klavier den Canon. Dem Finale von Mozart's grosser Cdur-Sinfonie liegt sogar ein vierfacher (ja, wenn man ein Nebenthema mitzählt, fünffacher) Contrapunkt zu Grunde. Kleine Canons hat die Lehre vom freien Satz (§ 21, 31) in Beethoven's Sinfonien und anderen Instrumentalwerken aufgewiesen. Doch sind dies im Verhältniss zu der grossen Mehrzahl der Werke nur Ausnahmen, Ausnahmen, welche zeigen, wie weit die thematische Arbeit gehen kann, wenn die Aufgabe es verlangt, und wie weit der Componist gerüstet sein muss, um auf alle Fälle gefasst zu sein.

In den Opern und Musikdramen Wagner's hat die thematische Arbeit eine ganz neue, poetisch-musikalische Begründung und Ausgestaltung im sogenannten Leitmotivstil erlebt, deren grossartige Technik dem bisher der Lehre gefolgten weder unverständlich noch unerreichbar bleiben kann.

Im Durchführungssatz muss die thematische Arbeit planmässig, nicht willkürlich von einem zum anderen Gedanken springend, erfolgen.

Die besondere Schwierigkeit der Durchführung besteht darin, dass sie modulatorisch in den meisten Fällen damit anfängt, womit sie enden soll, nämlich mit der Dominante. Um diese Schwierigkeit zu beseitigen, und Raum für die Modulation zu gewinnen, haben die Meister mitunter den Durchführungssatz mit einer Modulation in eine entlegene Tonart eröffnet. Mozart modulirt im ersten Satz der Cdur-Sinfonie kurzweg nach Esdur, und zwar im Unisono:

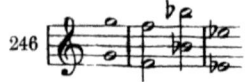

---

*) In der Adur-Sonate, op. 101, von Beethoven gestaltet sich im Finale der ganze Durchführungssatz zu einer Fuge, deren Thema aus dem Hauptsatz gebildet ist. In der Bdur-Sonate, op. 106, beginnt die Durchführung des ersten Satzes mit einem Canon, der später ausgeterzt wird. Vgl. No. 85.

Beethoven in der D dur-Sonate, op. 10, setzt die Durchführung in B dur ein:

Mendelssohn bildet eine originelle Einführung des zweiten Theiles in der A moll-Sinfonie, ohne Zweifel dem bedeutendsten Werke dieser Gattung, welches die nach-beethoven'sch Periode hervorgebracht hat. Er lässt nämlich die Tonica von **E moll,** womit der erste Theil schliesst, liegen, und dagegen die Hörner in zwei Octaven die reine Quinte: cis-gis intoniren, ein Uebergang, der den Reiz der Neuheit nie zu verlieren scheint.

Wäre dieses *e* Tonica von E **dur,** so würde der Eintritt von Cis′moll alltäglich und ohne Wirkung sein.

In der G moll-Sinfonie, wo nicht das Dominantverhältniss vorliegt, modulirt Mozart auch mit wenigen Accorden von B dur (Paralleltonart) nach Fis moll:

Die Hauptregeln für die Durchführung sind: man soll ein Motiv nicht aufnehmen, wenn man nichts damit zu machen weiss, und es nicht eher verlassen, bis man es zur Geltung gebracht hat. Hat man es aber einmal aufgegeben, so soll man es nicht wieder aufnehmen, wenn es nicht durch Contrast oder Steigerung zu erhöhter Geltung kommt.

In der Modulation soll Ordnung, kein unbestimmtes Hinundher herrschen, besonders soll man die Dominante der Haupttonart vor dem Ende der Durchführung vermeiden. Das Ende der Durchführung eignet sich mehr als jede andere Stelle zu einem Orgelpunkt auf der Dominante.

Im Satzgefüge der Dürchführung soll feste Form herrschen, wie in den anderen Theilen, nur, dass hier die kleineren Formen überwiegen, und nicht tonisch, sondern modulatorisch ausgeführt werden. Hier ist der Ort, sich in Modulation frei zu ergehen.

Sequenzartige Wiederholung kleinerer Abschnitte kann leicht kleinlich, pedantisch, altmodisch erscheinen (obgleich nicht immer, es kommt eben auf die Sequenz an*).

Dagegen gereicht die Wiederholung grösserer, besonders kunstreich ausgeführter Sätze, in anderer Tonart, vielleicht auch mit kleinen Veränderungen, dem Durchführungssatz wesentlich zum Vortheil, weil sie ihm zu grösserer Klarheit der Form verhilft. Dergleichen finden sich in den grossen Beethoven'schen Sinfonien, besonders auch im ersten Satz der neunten.

Es gibt keinen sinfonischen Satz, der die Momente der Sonatenform in gedrängterer und schlagenderer Weise zur Geltung bringt, als der erste Satz der **Cmoll**-Sinfonie. Von den Motiven des ersten Theiles werden daselbst folgende zur Durchführung verwendet:

---

*) Bei Wagner finden sich harmonische Sequenzen, welche gewiss das Gegentheil von trocken und pedantisch sind.

alle diese sind aus dem Hauptmotive hervorgegangen. Ausserdem bildet Beethoven eine Verkürzung des Hauptmotives:

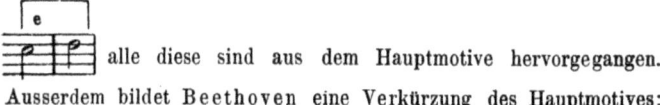

Hiernach verfährt nun die Durchführung folgendermassen:

Motiv a bildet Einleitung, 4 Takte, und Doppelsatz in F moll, 8 Takte, Motiv b zweimal, 4 Takte, Motiv c modulirt in 4 Takten von F moll in die Oberdominante von C moll, mit dem Contrapunkt:

Bis hierher haben wir den Vordersatz des Hauptthemas in F moll, aber den zweiten Theil desselben in die Oberdominante von c moll geleitet. Zweiter Theil wiederholt, aber von c moll bis zur Oberdominante von g moll, 8 Takte. Motiv b und c wie vorher. Zweiter Theil abermals wiederholt, aber tonisch in g moll bis zum Nebendreiklang II, 8 Takte, Motiv b und c. Die letzten 4 Takte 2 mal wiederholt, das 2. Mal um 1 Takt gekürzt, 7 Takte, Motiv c. Im Ganzen bisher 43 Takte = 43 Takte.

Motiv a 2 mal in Erweiterung [notation] 1 mal einfach, 2 mal verkürzt: Motiv f, 3 mal Pausen = 11 Takte.

Motiv d mit Motiv f abwechselnd, wiederholt sich 16 Takte.
Motiv e (eingeleitet durch d) . . . . 33 »
Motiv d (um 1 Takt verlängert) . . . . . . 5 »
Motiv e, bloss als Wechsel zweier halben Noten
    gefasst . . . . 8 »
Motiv a, achtmal, führt unmittelbar in die Einlei-
    tung, und mit dieser in die Reprise . . . 8 »

Mozart leitet in der C dur-Sinfonie I, seine Durchführung mit der in No. 246 gegebenen einstimmigen Modulation nach Es dur ein, und wiederholt in dieser Tonart seinen Schlusssatz. An das letzte Motiv desselben  knüpft er nun eine Modulation, indem er dasselbe aus Flöte und Fagott in die Violinen wirft, dann, abwechselnd zwischen beiden Geigen und Bässen nebst Bratsche, mit den contrastirenden Rhythmen:

und:  nach G moll führt.

Hier bildet er einen zweistimmigen freien Canon zwischen Violinen und Bässen über die erste Hälfte des Motives, mit vorübergehend folgender Modification desselben:  schliesst wieder in G moll, und bringt auf dem Schlusstakt das verlängerte Schlussmotiv, wie es zuerst auftritt:

hieran die

Nachahmung des letzten Taktes knüpfend, und damit auf der Dominante von A moll Halbschlussformel bildend. Diese Dominante von A moll verwandelt sich nun durch die Fortschreitung der Unterstimmen in die Dominante von F dur:

Bisher hat sich also die Durchführung ausschliesslich mit dem Schlusssatz des ersten Theiles, vorherrschend mit dessen letztem Motiv beschäftigt. Jetzt tritt der Hauptsatz ein: in F dur und mit dem Contrapunkt, den er schon im ersten Theile hatte, modulirt nach A moll und bildet hier mit seinem ersten Motiv einen, vom ganzen Orchester gegen die beiden Geigen stark synkopirten Satz:

von 10 Takten, der in G dur schliesst. Darauf Wiederholung des Schlusses im p mit dem Motiv des Schlusssatzes:

Alsdann 6 Takte Orgelpunkt auf **g**, als Dominante der Haupttonart, mit demselben Motiv des Schlusssatzes und mit einem kleinen Canon:

in die Reprise. In dieser Durchführung dominirt also das eine Motiv des Schlusssatzes durchaus, es bildet den ersten Modulationssatz und den Schluss, und zieht zweimal den ihm ursprünglich vorangehenden Takt mit in die Arbeit. Dazwischen liegt die Verarbeitung des Hauptsatzes, vorzugsweise des ersten Motives desselben. Die Modulation erreicht auf der einen Seite Es dur, F moll, auf der anderen Seite A moll, E dur, bewegt sich also in 7 bis 8 Stellen des Quintenzirkels.

Zur Ergänzung dieses Abschnittes dient des Verf. »Partiturstudium, Modulation etc.« Seite 265—273.

Dreissigste Aufgabe.

Bilde zu früheren Arbeiten Durchführungen, zuerst nach den beiden gegebenen Mustern, dann nach eigenem wohlüberlegten Plan.

Der vierte Theil der Sonatenform.
Beethoven's Zusatztheil.

§ 47.

Erweiterung des Schlusses in der Reprise ist § 44 erwähnt. Eine solche findet sich im ersten Satz der G moll-Sinfonie von Mozart zwischen Schlusssatz und Anhang, in der C moll-Sonate desselben, sowie in der zweiten E moll-Sonate für Klavier und Violine und dem G moll-Quintett als Zusatz. In Concerten bildet die oft sehr weitläufige, dem Virtuosen selbst überlassene Cadenz eine Erweiterung des Schlusses, welche meist zwischen Schlusssatz und Anhang fällt.

An die Cadenz des Klavier-Concertes knüpfen die Erweiterungen an, die Beethoven dem ersten Satze seiner C dur-Sonate, op. 2, zwischen Schlusssatz und Anhang, in op. 53 und dem Finale der Cis moll-Sonate als Zusatz gegeben hat.

Erweiterungen der zuerst angeführten Art finden sich in Beethoven's sonatenförmigen Sätzen mit wachsendem Umfang. So in op. 7, Es dur; op. 10, No. 3, D dur; op. 31, No. 1, G dur; op. 31, No. 2, D moll, Finale; op. 57, F moll; op. 101, A dur, Finale; u. v. a. Sie enthalten thematische Arbeit mit früheren Motiven im Schlusscharakter. Vereinzelt findet sich in der F moll-Sonate, op. 57, Finale, ein neues Thema.

Diese Erweiterungen dehnen sich zu einem selbständigen **vierten Theil** aus, durch den Beethoven in Folge seines Ueberreichthums an Gedanken thematischer Ausgestaltung die Sonatenform bereichert hat, und den seine Nachfolger beibehalten haben.

Wir lassen hier eine Uebersicht der Grössenverhältnisse der **vier Theile** einiger sonatenförmigen Sätze folgen:

Theil:	I	II	III	IV
Mozart, G moll-Quintett	94	38	98	23
C dur-(Jupiter-)Sinfonie	157	67	132	68

Theil	I	II	III	IV
Beethoven, Zweite Sinfonie D dur	100	84	90	55
Dritte Sinfonie, Eroica	153	246	159	134
Siebente Sinfonie, A dur	114	101	111	64
Neunte Sinfonie, D moll	158	142	126	110

Auch die Cmoll-Sinfonie hat einen langen Zusatztheil, der, nachdem die Reprise in Cdur geschlossen hat, das Mollgeschlecht wieder herstellt. Die Vermittlung geschieht durch den Nebendreiklang der erniedrigten Secunde, jenem gewaltigen *ff* Des dur-Sextaccord, der nur von dem *ff* des Sextaccordes *fis - a - d* zu Anfang der Reprise in der Neunten Sinfonie übertroffen wird. Die Wiederherstellung des Mollgeschlechtes ist in diesem und ähnlichen Fällen durch den ästhetischen Charakter der Composition bedingt.

Dass dem Finale von Mozart's Cdur-(Jupiter-)Sinfonie ein verhältnissmässig so langer vierter Theil zukommt, hat seinen Grund in der mehrerwähnten ausnahmsweisen thematischen Gestaltung dieses Satzes. Wie nämlich die vier Themen und ein Nebenthema den fünf Gliedern der Sonatenform entsprechen, so bilden sie auch unter sich einen vier- bis fünffachen Contrapunkt (Freier Satz, § 28). Nachdem hier der Sonatenform ihr volles Recht geschehen und die Themen mannigfach combinirt worden sind, führt sie Mozart zuletzt noch als vier- bis fünffache Fuge achtmal durch alle Stimmen.

Den vierten Theil des ersten Satzes der Eroica-Sinfonie studire man genau. Das erste Motiv des Hauptsatzes herrscht darin vor. Achtmal erscheinen die beiden ersten Takte, ebenso oft der vollständige Viertakt. Zweimal hintereinander tritt das episodische Motiv der Durchführung auf. Auch das Kampfmotiv der im Accord steigenden Bässe ist der Durchführung entlehnt. Die übrigen Motive finden sich bereits im ersten Theil.

In der Neunten Sinfonie beginnt der vierte Theil, nachdem der Sonatenform volles Recht geschehen, mit dem Auftakt zum 427. Takt. Die drei ersten Takte des Hauptsatzes dienen ihm zunächst als Motiv, dann zwei Bestandtheile des Seitensatzes, darauf der dritte und vierte Takt des Hauptsatzes, abermals der Seitensatz und der dritte Takt des Hauptsatzes. Alsdann kurze Cadenz in D moll, auf deren Schluss der Basso ostinato *d cis c h b a h cis* einsetzt und sich sechsmal wiederholt. Darauf wiederholte Cadenzirung, endlich Unisono-Schluss mit dem Hauptthema. Allen Theilen ist die Neigung zum Schliessen eigen, durch die Kunst des Meisters ist aber jede Monotonie vermieden.

§ 48.

Freiheiten der Sonatenform.

Nachdem durch Herstellung ganzer Sonatensätze [die **wichtigste Aufgabe** dieser Lehre gelöst ist, scheint es an der Zeit auf die Freiheiten hinzuweisen, die sich unsere Meister im Gebrauche dieser Hauptform aller Instrumentalmusik genommen haben, ohne die wesentlichen Bedingungen derselben aufzuheben, sowie auf diejenigen Modificationen der Form unsere Aufmerksamkeit zu richten, welche sich aus der Verbindung mit einer Einleitung und der weiteren Ausbildung der thematischen Arbeit ergeben.

1. Freiheit der Modulation.

Als regelmässig haben wir anerkannt den Uebergang des ersten Theiles
> in Dur
>> in die Tonart der Oberdominante,
>
> in Moll
>> in die Tonart der Parallele (Mediante in Moll)
>> in die Tonart der Oberdominante.

Als geringfügige Abweichung finden wir im Finale $\frac{6}{8}$ der Fdur-Sonate von Mozart den Seitensatz zwar in der Dominante, aber in Moll, und in der Pathétique-Sonate den Eintritt des Seitensatzes in der Molltonart der Parallele (aber mit Schluss in Dur).*) Bedeutendere Abweichungen der Modulation bieten die späteren Compositionen Beethoven's und seiner Nachfolger.

Obermediante statt Dominante in Dur. In der grossen Cdur-Sonate

---

*) In der Appassionata-Sonate, op. 57, wird der Seitensatz (vgl. § 31) regelmässig in Dur, der Schlusssatz und Anhang aber in Moll gebildet, so dass der erste Theil in As-moll schliesst. Dadurch erscheint der Seitensatz nur als mild glänzende Episode in dem Düster des ganzen Satzes.

erscheint der Seitensatz:

und der Schlusssatz

in E dur, während der Anhang sich über a moll nach e moll wendet:

wiederholt sich Octave tiefer.

Aehnlich in der G dur-Sonate, op. 31, H dur und h moll; im Es dur-Quartett, op. 127, g moll.

Untermediante statt Dominante oder Parallele im Streichquintett C dur, op. 29: A dur und a moll; in der grossen B dur-Sonate (No. 84), op. 106, und im B dur-Trio, op. 97, (hier No. 4) G dur, welche Tonart vom Seitensatz an den ersten Theil beherrscht; in der C moll-Sonate, op. 111, As dur, die Parallele der Unterdominante, statt Es dur, der Parallele; ebenso in der neunten D moll-Sinfonie B dur an Stelle von F dur. Die anderen acht Sinfonien des Meisters sind modulatorisch regelmässig. Die Ausnahme, mit der im ersten Satz und Finale der achten Sinfonie der Seitensatz eintritt, ist vorübergehend. Vgl. damit das B dur-Trio, op. 11. Zur Ergänzung siehe des Verf. »Partiturstudium, Modulation« § 24, besonders S. 260 bis 265, und § 27, »Modulatorische Construction«.

Im Gegensatz zu obiger Ausdehnung der Modulation **auf die Medianten** ist hier ein Fall anzuführen, in welchem der **Seitensatz in der Haupttonart** (also ohne Modulation) eintritt, und erst im späteren Verlauf, gleichsam mit dem Nachsatz, in die Paralleltonart führt. Dieser Fall, der in solcher Ausdehnung wohl einzig dasteht, findet sich im ersten Satz von **Mozart's G moll-Quintett**, einer der merkwürdigsten Compositionen dieses Meisters. An die No. 204 gegebene grosse Periode, welche den Hauptsatz bildet, knüpft sich nämlich ein Sätzchen von sechs Takten, welches im wesentlichen nur eine Schlussformel (in der Tonica) ist. Hier setzt

256

Freiheiten der Sonatenform. § 48.

nun der Seitensatz in G moll über einer einfachen Begleitungsfigur ein und bildet einen Halbschluss nach B dur, der nach Berührung der Wechseldominante in den tonischen Dreiklang hinüberführt, wo nun der Nachsatz eintritt.

Der Verlauf dieses technisch bedeutungsvollen Seitensatzes in der Reprise bestätigt die vorgetragene Erklärung. Derselbe folgt hier zur Vergleichung im Auszug.

hier knüpft der ebenfalls weitgeführte Schlusssatz an.

Gewissermassen hat hier einmal der Seitensatz den Vermittlungssatz, der sonst dem Hauptsatz zu gehören pflegt, an sich gezogen, und — wie der Vermittlungssatz sich gewöhnlich als Nachsatz des ersten Themas einführt — so ihn diesmal zu seinem, des zweiten Themas Vordersatz gemacht. Dieser Auffassung entsprechen auch die Dimensionen, da die Zweitheilung des Satzes (vgl. § 30) in den Halbschluss fällt, der die neue Tonart einführt.

2. Dislocation der Theile.

Zuweilen erscheint der Hauptsatz zum Schluss noch einmal, wenn er eines ganz besonderen Interesses werth scheint. Auch wechselt er den ihm zukommenden Platz zu Anfang der Reprise mit dieser Stelle am Schlusse derselben: dies geschieht z. B. in der lebensfrischen D dur-Sonate für Klavier und Violine von Mozart:

weil die lebhafte Figuration der Durchführung dem ebenfalls auf dieser beruhenden Thema in zu grosser Nähe schaden würde.

In Beethoven's **D moll**-Sonate wird der Vermittlungssatz des ersten Theiles in die Durchführung aufgenommen, deren wesentlichen Bestand er ausmacht. Deshalb fehlt dieser Vermittlungssatz in der Reprise gänzlich und wird durch wenige arpeggirte Accorde ersetzt.

3. Einleitung und Episode.

Nicht selten geht dem Allegro der Sonate ein langsamer Satz als Introduction voraus, ein Adagio, Largo, Lento etc., wie z. B. in Mozart's Es dur-Sinfonie, Bethoven's Pathétique-Sonate und unzähligen anderen Werken. Diese Einleitung wirkt zuweilen auf den Sonatensatz nach, welcher ihr Motive entlehnt. In Mozart's Es dur-Sinfonie ist die Sechszehntelfigur des Vermittlungssatzes

dem einleitenden Adagio entlehnt, in der Pathétique-Sonate wird das Allegro wiederholt durch das Largo der Einleitung unterbrochen. Auch die Stelle der Durchführung:

ist auf das Motiv

der Einleitung zurückzuführen, welches seinerseits wieder dem ersten Takte derselben entstammt.

190 Freiheiten der Sonatenform. § 48.

Wie innerhalb der geschlossenen Form die Anspielung auf die Einleitung als Episode erscheint, so finden sich auch selbständige Episoden innerhalb der Durchführung, z. B. im ersten Satz der Eroica-Sinfonie, denen jede thematische Reminiscenz abgeht.

4. Wechsel des Taktes und Tempos.

Verbindung verschiedener Tempi innerhalb der Sonatenform zeigt z. B. Beethoven's D moll-Sonate, deren Hauptsatz zwei Tempi hat. Eine Duo-Sonate in C dur von Mozart stellt den Hauptsatz im Adagio

den Seitensatz im Allegro

auf. Bei den modernen Componisten ist der Wechsel der Taktart und die Modification des Tempos in noch ausgedehnterem Maasse in Gebrauch, geräth aber leicht in Widerspruch mit der umspannenden Einheitlichkeit der Form.

5. Die thematische Arbeit

erstreckt sich auch auf andere Theile der Sonatenform als den Vermittlungssatz, den Anhang, die Durchführung und den Schlussanhang, wo wir sie bisher gefunden haben.

In der F moll-Sonate, op. 57, bildet Beethoven den Seitensatz aus dem Hauptsatz durch freie Gegenbewegung des Hauptmotives:

Freiheiten der Sonatenform. § 48.

Liszt bildet in der H moll-Sonate: »An Robert Schumann« das zweite Thema

durch Vergrösserung aus dem Motiv a) des ersten:

Allegro energico.

Doch ist der Seitensatz, weil er den grössten thematischen Gegensatz der Sonatenform zu bilden berufen ist, am seltensten der Sitz thematischer Anklänge.

Häufig ist dagegen die thematische Anknüpfung im Schlusssatz. In der Gmoll-Sinfonie von Mozart haben wir dieselbe schon gefunden, einen Theil des Schlusssatzes einnehmend (No. 223). In dem mehrfach angezogenen Gmoll-Quintett dieses Meisters besteht der Schlusssatz aus dem thematischen Motiv und einer Schlussformel. Ebendaselbst folgt ein thematischer Anhang und ebensolche Ueberleitung.

Thematische Verwandtschaft aller Theile durch rhythmische Aehnlichkeit findet sich häufig. So im Finale von Beethoven's Dmoll-Sonate und vielen anderen Werken vieler Componisten.

§ 49.

Modification der Sonatenform im Finale.

Das Finale, als Schlusssatz eines grösseren Werkes, pflegt diesen Schlusscharakter von vornherein dadurch hervorzuheben, dass es die einzelnen Theile der Form bestimmter abschliesst. So bilden schon die ersten vier Takte des Finales von Beethoven's Cmoll-Sinfonie

gleichsam einen Schlusssatz. So schliesst der Hauptsatz nach lang gedehntem Halbschluss, mit einem erschöpfenden und gewaltigen Schluss auf der Tonica:

Auch der Vermittlungssatz, der mit einem neuen Motiv auf diesem Schlusse einsetzt:

und die Wechseldominante durch einen Halbschluss erreicht, markirt in dieser, zwar in lebhafter Bewegung, aber doch sehr in's Ohr fallend, nachträglich einen Ganzschluss und Uebergang in den Seitensatz

Auch der Seitensatz führt mit sehr bestimmter Cadenz in den Schlusssatz:

der seinerseits einen festen tonischen Satz darstellt, mit der Wiederholung desselben aber, ohne zu cadenziren, in den Anfang zurück, das zweite Mal in die Durchführung, leitet.

Durch glänzende Klarheit der Construction gehört dieser Satz mit dem Finale der Cis moll-Sonate zu den geeignetsten Musterbeispielen für den jungen Componisten.

N.B. $\frac{3}{8}$ Der in die Durchführung aufgenommene Dreivierteltakt ist Reminiscenz an das Scherzo, eine Episode der Form.

Zuweilen bildet das Finale den Hauptsatz in Liedform, vorzugsweise kleiner. Diese hat z. B. das in No. 21 mitgetheilte Thema des Finales der G moll-Sinfonie von Mozart. Im ersten Allegro der A dur-Sinfonie von Beethoven hat das Thema erweiterte kleine dreitheilige Liedform, deren Abgeschlossenheit aber durch dynamische und rhythmische Steigerung überwunden wird.

IV. Die höheren Rondoformen.

Schluss.

§ 50.

Die höheren Rondoformen setzen Bekanntschaft und Uebung der Sonatenform voraus, weil sie Verbindungen der Sonatenform mit der Liedform sind.

§ 51.

Die vierte Rondoform.

Die vierte Rondoform stellt als Hauptsatz einen zwei- oder dreitheiligen (vorzugsweise zweitheiligen) Liedsatz auf.

Diesem folgt, wie in der Sonate, ein Ueberleitungssatz, meist kurz gefasst, der in den Seitensatz führt und in dessen Tonart modulirt. Dieser Seitensatz hat aber selten die gleiche Selbständigkeit wie in der Sonate, sondern ähnelt mehr dem Schlusssatz der Sonatenform, so dass man sagen könnte, der Seitensatz werde übersprungen und die Modulation führe gleich in den Schlusssatz.

Auf dem Schluss des Seitensatzes bildet sich dann, mit Uebergehung des Schlusssatzes und Anhanges, ein Ueberleitungssatz, welcher in die Haupttonart zurückführt und daselbst den Hauptsatz wiederholt. Hiemit schliesst der erste Theil in der Haupttonart ab.

Jetzt folgt in einer anderen Tonart (Parallele, Unterdominante, Mediante, gleichnamige) ein liedförmiger Satz, der also die Stelle der Durchführung in der Sonate einnimmt, als zweiter Theil. Dieser wird zweiter Seitensatz, auch Mittelsatz genannt. Die Liedform ist nicht immer vollständig, zuweilen unterbrochen, abgekürzt, durch eine Periode oder Verbindung von Sätzen vertreten.

Auf dem Schluss dieses Satzes erscheint wieder die Ueberleitung in den Hauptsatz und mit diesem die Reprise, d. h. Wiederholung des ersten Theiles ohne Modulation, wie in der Sonatenform. (Der Seitensatz erscheint also in der **Haupttonart**). Durch den Ausfall der Modulation ist die abermalige Wiederholung des Hauptsatzes am Schluss bedenklich geworden, sie wird daher abgekürzt, ausgelassen, oder durch eine thematisch anknüpfende freie Coda ersetzt.

Einunddreissigste Aufgabe.

Componire nach dieser Anweisung und den folgenden Beispielen einige Rondos vierter Form, möglichst mit Benutzung vorhandenen Stoffes.

Das Finale der **As dur-Sonate** ist eines der berühmtesten Beispiele dieser Art. Der ganze Satz befindet sich in fast beständiger, nur durch ganz kurze Pausen unterbrochener Sechzehntelbewegung, welche mit dem Anfang des Hauptsatzes beginnt:

272 *Allegro.*

Der Hauptsatz selbst hat folgende Construction:

16 Takte	Erste Periode	Vordersatz . . .	8 Takte.
		Nachsatz	8 »
16 »	— statt der zweiten Periode — Doppelsatz.	Modulirender Satz	8 »
		Derselbe	8 »
32 Takte			32 Takte

Gilt nach § 7 und 9 für

Grosse zweitheilige Liedform.

Ein Vermittlungssatz von 4 Takten führt mit der Hauptfigur des Themas in die Wechseldominante B dur, welche sich sofort in den Dominantaccord Es dur verwandelt, auf welchem auch schon der Seitensatz beginnt:

Dasselbe erstreckt sich über 16 Takte. Auf seinem Schlusse beginnt eine Ueberleitungspassage, welche in den Hauptsatz zurückführt:

der vollständig wiederholt wird. Unmittelbar nach seinem Schluss beginnt ein zweitheiliger Liedsatz in C Moll,

dessen erster Theil wiederholt wird. Der zweite Theil aber gelangt nicht einmal zu abgeschlossener Satzform, sondern leitet durch modulirende Zweitakte in die Dominante von As dur und von dieser in das Thema zurück.

Ausführlicher gestaltet sich die Form in den Rondos der C dur- und A dur-Sonate, op. 2. In beiden tritt der zweite Seitensatz (zweite Theil, Mittelsatz) durch die veränderte Vorzeichnung auch für das Auge deutlich hervor.

§ 52.

Die fünfte Rondoform.

Die fünfte Rondoform ist im wesentlichen eine Sonate, in welcher die Stelle der Durchführung von einem grossen liedförmigen Satze eingenommen wird.

Am Schlusse des ersten Theiles wird aber bei vielen Rondos fünfter Form der Hauptsatz in der Haupttonart wiederholt; soll dies geschehen, muss natürlich in diese Tonart modulirt werden. Statt der Wiederholung in der Haupttonart findet sich indessen ebenso häufig ein Anhang in der zweiten Tonart, welcher aus Motiven des Hauptthemas gebildet ist. Der Unterschied zwischen dieser und der vorigen Form besteht hauptsächlich darin, dass das Rondo vierter Form den Sonatensatz auf zwei Themata beschränkt, gewöhnlich auch die Bedeutung des zweiten herabsetzt, aber den Hauptsatz immer wiederholt, das Rondo fünfter Form dagegen auf keinen Theil der Sonate verzichtet, aber nicht immer den Hauptsatz am Schluss des ersten Theiles wiederholt.

Erster Theil.

Der Hauptsatz der fünften Rondoform ist im Allgemeinen wie bei der Sonate gebildet. Er kann auch Liedform, aber nicht über kleine hinaus, annehmen.

Der Vermittlungssatz gestaltet sich ganz wie bei der Sonate, bald thematisch anknüpfend, bald eigenen Inhaltes.

Der Seitensatz ist modulatorisch ebenso bestimmt wie in der Sonate.

Vom Schlusssatz gilt dasselbe.

Der Anhang recapitulirt entweder den Hauptsatz durch thematischen Anklang oder bildet die Ueberleitung in die Wiederholung desselben in der Originaltonart. Zuweilen fehlt der Anhang.

Die Wiederholung des Themas, wo sie geschieht, ist meist abgekürzt.

Zweiter Theil.

Jetzt folgt an Stelle der Durchführung der für die Form vorzugsweise charakteristische Liedsatz, in Bezug auf Tonart sich ebenso verhaltend, wie in der vierten Rondoform. An diesen knüpft nicht selten noch ein Stück wirklicher Durchführung, wenigstens irgend eine thematische Arbeit an, die in den

Dritten Theil,

Wiederholung des ersten Theiles ohne Modulation, zurückführt.

In der zusammengesetzten grossen Sonate finden sich diese Rondoformen als Schlusssätze und haben als solche die Neigung zu festabschliessender Satzbildung.

Zweiunddreissigste Aufgabe.

Componire nach der hier gegebenen Anweisung und den folgenden Beispielen Rondos fünfter Form, wieder vorzugsweise mit vorhandenem Material.

Ausserordentlich deutlich ausgeprägt finden wir die fünfte Rondoform im letzten Satz der F moll-Sonate, op. 2, von Beethoven. Es gilt deshalb auch dieser Satz als das beste Muster dieser Form. Der erste Theil verläuft Sonatengemäss, mit einer Reminiscens an den Hauptsatz schliessend.

Der dreimalige Dominantaccord von As dur

genügt zur Einführung des für die Rondoform entscheidenden Themas:

Dieses Thema macht im einundfünfzigsten Takt einen Schluss in As dur. Seine Construction ist:

Rondo V. § 52.

Erster Theil. {	Tonisch selbständiger Satz (§ 6) .	10 Takte
	Wiederholung in Klangvariation . .	10 »
Zweiter Theil. {	Mittelsatz (2 × 4)	8 »
	Nachsatz	8 »
	Mittelsatz und Nachsatz als zweiter Theil wiederholt (§ 8)	16 »
		Summa 52 Takte

Also kleine dreitheilige Liedform, eigentlich, wenn man die Satzform der Theile in Rechnung bringt, dreitheilige Periodenform (§ 7), der Wiederholungen entkleidet: von $10 + 8 + 8$ Takten.

Auf dem letzten Takt beginnt nun eine Durchführung mit dem ersten Motiv des Hauptthemas, welche in 30 Takten in diesen zurückführt.

279

Ohne den (oben construirten) Liedsatz in As dur hätten wir einen vollständig Finalegemäss gebildeten Sonatensatz.

Dieses ganze hier besprochene Finale ist vorzugsweise geeignet, dem jungen Componisten zum Muster zu dienen.

Das Rondo der Es dur-Sonate, op. 7, gehört ebenfalls dieser Form an. Es bildet seinen Seitensatz mit dem Motiv:

den Schlusssatz mit:

Nach dem Schlusssatz kommt nun noch einmal der Hauptsatz:

Erste Periode: Vordersatz, Nachsatz (Nr. 14).

Zweite Periode: Vordersatz —

— statt des Nachsatzes Uebergang:

282

nach Cmoll, wo dreitheiliges Lied mit allen Wiederholungen sich abspielt, um dann durch einen Anhang in die Reprise zu führen.

Noch sei der junge Componist aufmerksam gemacht auf das Rondo der Pathétique-Sonate, ebenfalls fünfter Form.

Hier ist der Asdur-Mittelsatz besonders interessant durch die Anwendung combinirter Contrapunkte. (Vgl. Der freie Satz § 30.)

§ 53.

Die grossen Formen im langsamen Tempo.

Die bisherigen Uebungen zur Sonatenform und den verwandten grossen Rondoformen bewegten sich ausschliesslich im schnellen Tempo. Doch finden diese Formen auch im langsamen Tempo Verwendung.

Sonaten- (resp. Sonatinen-) Form findet sich in den langsamen Sätzen unserer Classiker sehr häufig. Dem Tempo Rechnung tragend, kürzen sie aber fast immer den Durchführungssatz auf ein Minimum ab, oder streichen ihn ganz (§ 35), indem sie das Bedürfniss thematischer Arbeit durch die Variationen des Hauptsatzes befriedigen.

Einen Sonatensatz im langsamen Tempo ohne Durchführung zeigt z. B. das Adagio molto der C-moll-Sonate op. 10.

283

Nach dem regelmässigen Abschluss des ersten Theiles in Es dur genügt ein einziger Septimenaccord, um in die ebenso verlaufende Reprise zu führen.

284

In der D moll-Sonate, op. 31, finden wir dieselbe Form. Der Vermittlungssatz beginnt mit der Stelle:

285

und schliesst regelmässig auf der Wechseldominante: C dur. Hier tritt nun das zweite Thema in der Oberdominanttonart: F dur, ein,

286

und bildet eine zweitheilige Periode dritter Form (S. 23). Schlusssatz und Anhang übergehend, wendet sich nun der Meister mit einem Uebergang von fünf Takten zur Reprise, in der alles regelmässig verläuft, aber der Hauptsatz zu einer lebhaften Figuration in Zweiunddreissigsteln dient.

Vergleiche hier auch das Andante der Mozart'schen F dur-sonate, deren Thema No. 202 gegeben worden ist.

Sonatenform mit kurzer Durchführung zeigt das Adagio affettuoso ed appassionato des F dur-Streichquartetts op. 18.

Dagegen finden wir in dem innig tiefbewegten Adagio molto e mesto des grossen F dur-Quartetts, op. 59, die Form der Sonate mit grosser Durchführung. Das Thema, dessen Vordersatz wir hier mittheilen (im Nachsatz übernimmt das Cello die Melodie) hat grosse Periodenform.

Der Vermittlungssatz knüpft an das letzte Motiv des Themas

an, erreicht in vier Takten die Wechseldominante (G dur), bildet auf dieser in 3 Takten einen zweimaligen Halbschluss und Uebergang nach C moll, wo nun das zweite Thema im Cello eintritt.

Nach 13 Takten wendet sich dieses Thema zur Schlussbildung auf den Quartsextaccord:

hier aber bildet sich eine Schlussformel, so bedeutend und eigenthümlich, dass man sie wohl als eigenen Schlusssatz betrachten kann, wenn auch der Beginn in die Schlussbildung des Seitensatzes fällt:

wiederholt sich mit kleiner Variante der Figuration.

Ob man die noch folgenden fünf Takte dem Schlusssatz zurechnen, oder, sei es ganz, sei es zum Theil, als Anhang betrachten will, ist hier nicht von Wichtigkeit. Jetzt aber beginnt die Durchführung, welche den 45 Takten des ersten Theiles 38 Takte entgegenstellt, und sich zunächst mit dem zweiten Thema, dann mit dem ersten, endlich mit dem Schlusssatz beschäftigt. Aus dem Seitensatz entwickelt sich ein Satz in Des dur — Molto cantabile — von schmelzender Weichheit:

Indem jetzt das Cello die Fortsetzung übernimmt, führt er mit dem ersten Motiv im Quintenzirkel: Des dur, As dur, Es moll, B moll, F moll, C dur — auf die Dominante der Haupttonart, wo wiederholte Schlussformel und Uebergang in die Reprise stattfindet. Diese verläuft regelmässig. Aber der Hauptsatz erscheint zuerst verkürzt und wird dafür am Schluss wiederholt, was in langsamen Sätzen nicht selten ist. Diese Wiederholung führt zu einer weitausgeführten Figurationscadenz, welche in den nächsten Satz des Quartettes (Thème Russe. Allegro) einführt.

Noch sei hier des längsten und tiefsinnigsten Adagios für Klaviersolo als sonatenförmig gedacht. Der Seitensatz tritt das erste Mal in D dur auf. Der Hauptsatz wird am Schluss wiederholt. Von langsamen Sätzen der Sinfonien sind sonatenförmig die der ersten, zweiten, vierten, sechsten (Pastoral).

Eine interessante metrische Construction zeigt das Andante der grossen C dur-Sinfonie von Mozart.

Der Hauptsatz schliesst mit dem elften Takte und beginnt mit eben diesem (vgl. § 36) sich zu wiederholen, wobei er einen Vordersatz von 8 Takten mit Halbschluss auf Oberdominante bildet. Hier setzt nun, das Tongeschlecht der Oberdominante wechselnd, ein Satz in C moll ein, den wir als Vermittlungssatz betrachten müssen.

Derselbe macht nach acht Takten kühner Harmonik und Rhythmik einen Halbschluss auf der Wechseldominante (G dur). Hieran schliesst der Seitensatz von 12⌣ Takten, dem ein Schlusssatz von vier Takten folgt. Anhang fehlt, dagegen führt eine Ueberleitungsfigur der ersten Violine das erstemal in die Wiederholung, das zweitemal in die Durchführung:

(Man beachte, dass hier der Septimenaccord von D moll unerwartet eintritt, und dadurch das vorgehaltene d eine ganz eigene Wirkung macht.)

Der fernere Verlauf ist folgender:

Der Vermittlungssatz auf 14 Takte gedehnt.

Der Hauptsatz thematisch verarbeitet mit dem Zweiunddreissigstel-Figurationsmotiv, welches schon im ersten Theil seine Wiederholung begleitete.

Dieses Motiv, zu einem ff ausgeführt, welches mit einer Reminiscenz an den Vermittelungssatz

jetzt nicht in den Hauptsatz, sondern in den Seitensatz führt, der also hier den dritten Theil der Sonatenform beginnt. Von hier an verläuft alles regelmässig, aber — nach dem Schlusssatz wiederholt sich der Hauptsatz, der oben übergangen worden ist. Ein Anhang von 3 Takten schliesst das Ganze. Es scheint bei diesem Satze eine andere Auffassung zulässig, indem man die Durchführung auf den zu 14 Takten gedehnten Vermittlungssatz (vgl. Beethoven's Dmoll-Sonate) beschränkt und die Reprise von der thematischen Verarbeitung des Hauptsatzes an rechnet, zumal dann die Dreitheilung des Satzes folgende Dimensionen ergeben würde: Erster Theil 44, Durchführung 15, Reprise 42 Takte.

Wenn auch die fünfte Rondoform mit ihrer Stofffülle sehr wenig dem langsamen Tempo zu entsprechen scheint, so lässt sich doch der sonatenartige Theil derselben zur Sonatine verkürzen und dem langsamen Tempo zugänglich machen.

So begegnen wir der fünften Rondoform in dem berühmten Largo e mesto der Ddur-Sonate, op. 10, einem der tiefsinnigsten Sätze von Beethoven. In diesem gestaltet sich der erste Theil sonatinenmässig, und zwar:

Das langsame Tempo. § 53.

dauert vier Takte und beschliesst den ersten Theil ohne Anhang der Mittelsatz aber:

führt, anstatt sich zur Liedform zusammenzuschliessen, ein neues Motiv ein:

modulirt mit diesem auf die Dominante der Haupttonart, und geht von da in den Hauptsatz zurück. Solche Freiheit der Abkürzung verlangt natürlich das langsame Tempo.

Der dritte Theil bietet, nach der regelmässig verlaufenden Reprise, mit Uebergehung des Schlusssatzes, eine grossartige thematisch figurative Verarbeitung des Hauptmotives (No. 282), welche mit der Figur des Mittelsatzes zum Schlusse führt. Diese thematische Arbeit kann man nun sowohl als rondomässige Wiederholung des Hauptsatzes, wie auch als Anhang im Sinne des § 47 auffassen.

An den Schluss knüpft sich noch ein Anhang tiefergreifenden Inhalts, thematisch an das Motiv | a | in No. 282 anknüpfend.

Dreiunddreissigste Aufgabe.

1. Componire einen langsamen Satz in Sonaten- oder höherer Rondoform.

§ 54.

Die Sonate als selbständige und zusammengesetzte Kunstform.

Die Sonatenform als selbständiges Musikstück in einem Satz ist sehr häufig, wird aber in der Regel nicht Sonate genannt, sondern erhält eine besondere Bezeichnung, die seiner inneren oder äusseren Beschaffenheit entspricht wie Capriccio, Charakterstück, Concertstück, Allegro u. v. a. Mendelssohn's Capriccio in H moll, op. 15, für Klavier mit Orchester hat Sonatenform, ebenso desselben Componisten Lied ohne Worte, Fis moll, Sechsvierteltakt. Häufig verbindet sich damit eine Einleitung mit eigenem thematischen Inhalt, die auch mannigfaltig auf den sonatenförmigen Satz einwirken kann.

Im Orchestersatz sind die Ouvertüren der Classiker und Romantiker der Form nach Sonaten z. B. ohne Einleitung: Mozart's Figaro-Ouverture, Mendelssohn's Hebriden- und Sommernachtstraum-Ouvertüre (bei der wir die oft wiederkehrenden wenigen Fermaten zu Anfang nicht als besondere Einleitung rechnen); mit Einleitung: Mozart's Don Juan-, Zauberflöten-, Beethoven's Fidelio- und Leonoren-Ouvertüre; mit Einleitung und besonderem Schluss; Beethoven's Egmont-Ouvertüre, bei der die Einleitung im Seitensatz wieder anklingt und der Schluss ein Triumphmarsch ist. Meyerbeer's Struensee-Ouvertüre ist dieser in der Form nachgebildet. Die grandiose Einleitung tritt in der Durchführung des sonatenförmigen Satzes episodisch auf und entwickelt sich am Schluss zum Triumphmarsch. Wagner's Tannhäuser-Ouvertüre hat in dem aus den Motiven des Venusberges gebildeten Allegro ebenfalls Sonatenform, erweitert sich aber gleichsam zur fünften Rondoform durch den Mittelsatz in G dur:

Eingeschlossen wird das Allegro durch die Musik des Pilgergesanges als Einleitung und Schluss. Der letztere fällt in den Aufführungen nach der späteren Pariser Bearbeitung fort, so dass die Ouvertüre unmittelbar in das Drama übergeht.

Gluck's Ouvertüren zu »Alceste« und »Iphigenie in Aulis« haben noch nicht die Sonatenform, weisen aber bereits darauf hin. Ihrer dramatischen Bestimmung gemäss führen sie unmittelbar in die Oper. Die französischen und italienischen Operncomponisten der Periode der klassischen Instrumentalmusik — Boildieu, Auber, Rossini u. a. — bedienen sich in ihren Ouvertüren der Sonatenform mit ihrer Natur widersprechender scharfer Abgrenzung der Formglieder, wodurch sie etwas Banales bekommt.

Liszt's H moll-Sonate »An Robert Schumann« vertritt die grösste Ausdehnung der Sonatenform in einem Satz nicht allein durch innere Erweiterung der Formglieder und -Theile, sondern auch durch Aufnahme des Adagios in den Satz.

Zweisätzige Sonaten sind häufig. Unter Beethoven's Klaviersonaten z. B. die in Fis dur, op. 78, (erster Satz sonatenförmig,) E moll, op. 60, (beide Sätze sonatenförmig, der zweite mit Neigung zum Rondo) F dur, op. 54, (ohne Sonatenform).

Von Mozart erwähnen wir die Duo-Sonate e moll, deren Thema hier No. 19, von Haydn die Klaviersonate cis moll:

Einleitungen, wenn sie sich nicht gar zu selbständig entwickeln, werden nicht als Sätze gezählt. Deshalb ist die C moll-Sonate, op. 111, zweisätzig. Bei der C dur, op. 53, könnte man zweifeln, ob das dem Rondo vorangehende Intermezzo als selbständiger Satz oder als Einleitung zu betrachten ist, gewöhnlich entscheidet man sich für das Letztere und rechnet die Sonate zu den zweisätzigen. In der öfter angezogenen Sonatine E moll für Klavier und Violine aus Mozart's Kindheit ist dagegen das vorangehende Adagio wohl zu lang, um ihm die Eigenschaft des Satzes abzusprechen, wenn es auch unmittelbar in das Allegro einführt.

Das Rondo dieser Sonate, auf welche wir hier noch einmal zurückkommen, ist seiner Construction nach eigentlich ein **Menuet** mit zwei Trios.

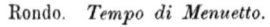

Erstes Trio. Zweites Thema.

Zweites Trio. Drittes Thema.

Auch an die Duo-Sonate, welche aus einem Adagio G dur $^2/_4$, Allegro g moll $^3/_4$ und Variationen G dur $^2/_4$ besteht, sei erinnert.

Auch hier scheint das Adagio, wenn auch unabgeschlossen, zu lang, um als blosse Einleitung zu gelten.

Mehrsätzige Sonaten für Orchester heissen Sinfonien. Sonaten für mehr als zwei Instrumente werden nach der Zahl und zuweilen nach der Gattung derselben benannt als Trio, Streichtrio, Streichquartett, Quartett u. s. w. Gewöhnlich hat der erste Satz, ausnahmsweise drei Sätze Sonatenform. Indessen haben die grossen Komponisten auch solche Werke als Sonaten bezeichnet, die gar keinen sonatenförmigen Satz haben und in diesem Falle nur die allgemeine Stilrichtung angegeben. So besteht die A dur-Sonate von Mozart aus Variationen, Menuett, Alla Turca, die As dur-Sonate, op. 26, von Beethoven aus Variationen, Scherzo, Trauermarsch, Rondo.

Die Tonart der Sonate (Sinfonie etc.) wird nach dem ersten Satz bestimmt, ohne auf eine etwa abweichende Einleitung Rücksicht zu nehmen. Die Kreutzersonate z. B. steht in a-moll, obgleich die Einleitung A dur ist. Häufig ist das Finale von Mollsonaten in Dur, z. B. Cmoll-Sinfonie, neunte Sinfonie. In der A dur-Sinfonie von Mendelsohn ist es ausnahmsweise einmal umgekehrt. Im einzelnen Satz wird das Tongeschlecht, falls es wechselt, nach dem Anfang bestimmt.

Die meisten Sonaten haben drei Sätze, darunter die berühmtesten, wie die Pathétique, Cis-moll, Appassionata. In der Cis-moll-Sonate hat der letzte Satz Sonatenform, der erste Satz gehört keiner bestimmten Form an, deshalb hat Beethoven diese Sonate »quasi una fantasia« bezeichnet. (Zu beachten ist die Verwandtschaft der Modulation im ersten Satze dieser Sonate mit der des Trauermarsches).

Die vollkommenste Form der grossen Sonate, wie wir sie in den meisten (allen späteren) Sinfonien Haydn's und Mozart's, in allen Sinfonien Beethoven's, in den grossen Streichquartetten und Quintetten und verwandten Gattungen der Instrumentalmusik finden, besteht aus vier Sätzen:

> einem Allegro, mit oder ohne Einleitung,
> einem langsamen Satz,
> einem Menuet oder Scherzo,
> einem Finale, Allegro.

Auch weitgeführte Einleitungen, z. B. in der A dur-Sinfonie werden nicht als besondere Sätze gezählt.

306

Ausnahmsweise wechseln der zweite und dritte Satz ihre Stelle, z. B. in der neunten Sinfonie und der Bdur-Sonate, op. 106, weil die grosse Ausdehnung und thematische Beschaffenheit der ersten Sätze eines solchen Gegensatzes bedarf. — Die Stelle des langsamen Satzes wird zuweilen durch ein Allegretto eingenommen, so in der Esdur-Sonate, op. 31, in der siebenten und achten Sinfonie. In der achten Sinfonie ist dagegen das Menuett langsam, in dem, diesem Tanze ursprünglich eigenen, ceremoniell graziösen Tempo. Solche Ausnahmen ergeben sich aus den Bedingungen des gerade vorliegenden Werkes. Wer sie willkürlich herbeiführt, zeigt dadurch, dass ihm das Wesen der Formbildung verschlossen geblieben ist, und dass er im Unwesentlichen und Aeusserlichen vergebens Hilfsmittel sucht. Dass zuweilen Sätze deshalb zusammengestellt werden, weil sie gerade vorhanden sind, ohne irgend welchen Zusammenhang der Entstehung, kann weder bestritten, noch geradezu getadelt werden. Es bleibt solchen Zusammenstellungen doch noch immer die Einheit des Autors.

Dreiunddreissigste Aufgabe.

2. Einige vorhandene Sätze zu Sonaten zusammenzustellen, eventuell zu ergänzen.

§ 55.

Suite. Sinfonische Dichtung.

Die Suite ist eine losere Art der Verbindung selbständiger Sätze, als die zusammengesetzte Sonate. In der Sonate (Sinfonie) muss es scheinen, als folgten die Sätze mit innerer psychologischer Nothwendigkeit aufeinander. In der Suite reihen sie sich nach äusseren Aehnlichkeiten und Unterschieden aneinander. Die Sätze selbst sollen in der Suite loser construirt, kurz und leicht aufzufassen sein. Dementsprechend ist auch der Inhalt von geringerer Bedeutung. Ein guter Suitensatz ist ein schlechter Sonatensatz und umgekehrt.

Die Suite gehört zu den Vorformen der Sonate und ist ursprünglich eine Folge tanz- und liedförmiger Sätze, denen eine festliche Einleitung (z. B. Andante mit Fuge) vorangeht, die bestimmt ist, am Schluss wiederzukehren. Moderne Suiten weichen vielfach von dieser Grundform ab und nähern sich der Sonate (Sinfonie). So ist die Gmoll-Suite für Klavier, op. 162, von Raff ihrer Form nach eine grosse Sonate, umsomehr als der erste Satz Sonatenform hat.

Die sinfonische Dichtung ist eine Anwendung des Leitmotivstils auf die Instrumentalmusik mit poetischer Bedeutung.

§ 56.

Vorkommen der Instrumentalformen im Vocalsatz.

Den grossen Meistern unserer classischen Instrumentalmusik und den ihnen am nächsten stehenden Zeitgenossen und Nachfolgern war die Hauptform derselben, die Sonate, so geläufig, dass sie die charakteristischen Eigenschaften derselben auch in ausgedehnteren Vocalsätzen zur Erscheinung brachten. Selbstverständlich setzte hier der gegebene Text durch seine logische und psychologische Bedeutung ihrer rein musikalischen Neigung Schranken. Doch erkennen wir diese Neigung nicht nur in den Messen von Haydn und Mozart, deren Text sich leichter einer beliebigen musikalischen Form anschmiegt, sondern finden auch in der Oper häufig den Ansatz zur Sonatenform. Die Bdur-Arie des Octavio im Don Juan hat die Structur der Sonate (Sonatine), ebenso die Auftritts-Arie der Elvira daselbst (als Terzett bezeichnet, wegen der kleinen Zwischensätze des Don Juan und Leporello):

ferner die Arie des Pizzaro im Fidelio u. a.

Die zweite grosse Arie der Elvira:

Mi tradi quell alma in - grata,

ist ein Rondo erster Form. Vorzugsweise aber der erste Ansatz der Sonatenform, wie er sich vom Hauptsatz bis zum Eintritt des Seitensatzes entwickelt, findet sich in zahlreichen begleiteten Vocalsätzen, selbst in Ensemble's, welche eine dramatische Scene einschliessen. Dass die Ouverturen unserer classischen Meister, Mozart's, Beethoven's, Weber's, Mendelsohn's u. a., fast ausschliesslich der Sonatenform angehören, darf an dieser Stelle schon als bekannt vorausgesetzt werden. Die gegenwärtige Richtung der Oper hat jedoch mit innerer Nothwendigkeit dahin geführt, an die Stelle der Ouvertüre das Vorspiel zu setzen. Als unübertroffenes Muster eines solchen möge das Lohengrin-Vorspiel von Wagner hier genannt werden, dessen innere Structur dem bis hierher Vorgeschrittenen kein Geheimniss bleiben kann. (Mitgetheilt ist dieselbe in des Verf. »Partiturstudium, Modulation S. 291 ff.)

Wir haben hier die Formbildung von der einfachsten Verbindung im Zweitakt (Phrase) bis zu dem kunstvollen Bau der grossen Sonate und ihrer verwandten Formen verfolgt und eingeübt. Die grosse Mannigfaltigkeit, welche uns dabei vor Augen getreten ist, beweist, dass hier, wie in den andern Zweigen musikalischer Gestaltung, zu vollendeten Kunstschöpfungen, wie wir sie vielfach zu betrachten Veranlassung genommen haben, ausser dem berufenen Talent die gründlichste Sachkenntniss gehört, weil es nur dieser möglich ist, unter der unerschöpflichen Fülle des technisch Möglichen das aesthetisch (künstlerisch) einzig Richtige in jedem Falle mit Sicherheit zu ergreifen.

Druckfehler-Berichtigungen.

S. 23 oben ist so zu lesen:

S. 25, Zeile 3 statt »Constitution« lies »Construction«.
S. 34, No. 41, Takt 1 lies »Erster Theil. Periode. Vordersatz.«
S. 35, Takt 3 lies »Zweiter Theil. Doppelsatz. Erster Satz.«
S. 39, Zeile 15 v. u. statt »in die« lies »in der«.
S. 59, Zeile 8 statt »desselben« lies »derselben«.
S. 59, Zeile 13 statt »also« lies »als«.

S. 61, Zeile 10 statt  lies

S. 84, Zeile 5 v. u. statt »Parallele« lies »Gleichnamige«.
S. 94, Zeile 8 statt »Zweithätigkeit« lies »Zweitheiligkeit«.
S. 116, Zeile 7 v. u. statt »Bie« lies »Die«.

Index.

A.
Abkürzung 202.
Abstraction 1, 144.
Achttaktig 8, 24, 27, 29, 33, 50, 121.
Aehnlich 5, 18.
Aesthetisch 1, 54, 58, 129, 175.
Anfang 53.
Anfänger 92, 133.
Anhang 43, 48, 102, 118, 119, 126, 162, 185, 190.
Anknüpfung 2.
Aneinanderreihung 117.
Arie 216.
Auber 212.
Auszug, melodischer 1, 113.
Auftakt 3.
Ausgefüllt 2, 5.
Ausgeschriebene Wiederholung 29, 101.

B.
Bach 65, 66.
Ballade 91, 115.
Bässe, gegebene 70 f.
Beethoven, Sinfonien 3, 5, 8, 16, 22, 25, 54, 61, 80, 83 ff., 98, 118, 143, 171, 175 ff., 192 ff., Quartetten und Quintetten 3, 6, 7, 144 ff., 204, Sonaten (einschl. Duo, Trio) 2, 3, 4, 5, 9, 10, 12, 13, 17, 19 ff., 34 ff., 41, 46 ff., 57, 81, 83 ff., 148, 158, 189 ff., 196 ff., Ouv. 2, 30, 211, Var. 64, 99, 104, Conc. 5, 6.

Begleitungsform 94.
Begriff 5.
Bellini 212.
Bildung, gesellschaftliche 69, allgemein geistige 112.
Biographisch 105.
Boieldien 212.
Bolero 83.
Bourée 83.
Bühne 73.
Bunt 122.

C.
Cadenz 58, 73, 80, 143, 194.
Canon 60, 83, 97, 101, 166, 176, 180, 181.
Chopin 65, 81, 84, 92.
Coda 67, 73, 122.
Componist 1, 14, 56, 144, 201.
Compositionstechnik 4, 5, 56.
Concertvortrag von Tänzen 67.
Contrapunkt 56, 83, 87, 90, dpp. 109, 169, vrf. 176, 183, comb. 202.
Contretanz 71, 82.
Correspondenz, harmonische 24, thematische 29, 69, rhythmische 24.

D.
Dehnung s. Erweiterung.
Diabelli 64.
Dichter 111 ff.
Dimensionen 121, 167, 182.
Doppelzweitakt 4.

Doppelphrase 4.
Doppelsatz 7, 29 f., 122.
Dramatisch 112.
Dreitheilig 31 ff., 39, 51, 66, 122, 194.
Dreitakt 54.
Drehung, des Körpers beim Tanz 66.
Dur 18, 33, 58, 102, 119, 127, 130, 157, 175, 184.
Durchführung 59, 123, 132, 175, 182, 189, 199.
Dynamisch 122.

E.

Effekt 69.
Einheit 64, 117.
Einleitung 66, 73, 189, 211.
Einschaltung 43.
Eintaktig 3, 66.
Elementarlehre 56.
Elegie 91.
Enharmonisch 56.
Entwicklung 59.
Episch 115.
Episode 63, 189.
Erfindung 160.
Ergänzen 6, 40.
Erweiterung 41, 54, 93, 102, 113.
Etüde 64.

F.

Fachbildung 112.
Fanfare 73.
Festmarsch 73, 83.
Feinheit 82.
Fermate 112.
Figuration 5, 62, 63, 76, 175.
Finale 69, 192, 196, 214.
Form 1, 5, 13, 29, 34, 41, 49, 54, 57, 59, 82, 105, 171.
Formel 48, 80, 109, 127, 134, 136, 154.
Formbestimmung 59, 101, 110.
Freiheit 35, 41, 56, 171, 184.
Freie Satz 56, 64, 83, 115, 169, 202.
Fremdartig 56.
Fuge 176. Fugirt 90, 169.

Fundamentalbass 71.
Fünftakt 55, 71.
Fünftheilung der Sonate 118, 121.

G.

Galop 68.
Gang 59, 101.
Ganzschluss 8, 10, 18, 33, 41, 45, 75.
Gedächtniss 1, 14.
Gegenbewegung 62, 87, 178, 190.
Gegensatz 7, 192.
Generalbass 70.
Genie 160.
Gesellschaftstänze 67.
Gesungenes Lied 111.
Gleich 18, 33.
Gleichmass 55.
Gleichnamig 175.
Gluck 212.
Goethe 112, 115.
Gounod 115.
Gradzahlig 55, 66, 71.
Grosser Satz 24, 28, 122, Periode 24, 28, 38, Lied 38, 49.
Grundaccord 71.
Grundton 71.

H.

Halbschluss 10, 15, 30, 33, 75, 131, 141, 180, 187.
Harmonielehre 56 ff., 74.
Hauptsatz 75, 100, 118, 168, 183.
Haupttempi 4.
Haydn 2, 3, 65, 84, 158, 171, 175, 212, 214, 216.
Heine 115.
Hinzufügung 138.
Humoristisch 68.

I.

Idealisirte Tanzformen 82, 84.
Imitation 97, 103, 128, 175.
Inhalt 129, 172.
Instrumentalform 1, 216.
Instrumentalmusik 15, 184.
Intrade 76.

Introduction 68, 189.
Jugendarbeit Mozart's 32, 106, 213.

K.

Kind, Friedrich 115.
Klammern 3.
Klarheit 178, 194.
Klangsteigerung 76.
Kleiner Satz 5, Periode 7, Liedform 15, 33, 198.
Kuhlau 115 bis 148.
Künstler 144.
Kunstwerk 1.
Kürze 3.

L.

Länge 3, 43, 74, 123, 133, 175, 182.
Langsam 91, 202 ff.
Langweilig 122.
Lehrbegriff 1, 5, 14.
Lehrgang 31.
Liedform 15 ff., 101, 195, 201.
Lied ohne Worte 91.
Lied s. gesungenes.
Liszt 65, 79, 191, 212.
Logisch 56, 111.
Lotti 115.
Loewe 115.
Lyrisch 111.

M.

Maggiore s. Dur.
Mannigfaltigkeit 69, 91, 122.
Marsch 71 bis 84.
Marx 59.
Massvoll 122.
Mazurka 83.
Meierbeer 71, 211.
Meister,-werke 15, 39, 64, 105.
Melancholie 91.
Melodie 69.
Mendelssohn 30, 39, 40, 73 bis 81, 113, 177, 211, 217.
Menuet 39, 49, 84 ff., 214.
Metrik, metrisch 3, 4, 112, 121.
Militärmarsch 68.

Minore s. Moll.
Mittelsatz 44, 53, 195.
Modern 73, 190, 216.
Modulation 44, 58, 62, 122, 129, 151, 171 ff., 176 ff., 184 ff.
Modulationssatz 119, 126, 139, 151.
Moll 20, 33 ff., 68, 81, 123, 127, 151, 157, 171, 183, 214.
Motiv 59 ff., 109, 128, 136, 143, 153, 157, 176, 179, 183, 189, 191, 201, 205.
Mozart 2, 3, 6, 8, 12, 14, 16, 24, 27, 29, 30, 31, 32, 38, 41, 50, 51, 54, 61, 65, 72, 83, 101, 106 bis 108, 116, 118, 128 ff., 131 f., 134, 139, 140, 142, 152, 154, 155, 156, 158 ff., 164 ff., 168 bis 170, 175 ff., 182 f., 186 ff., 207, 211, 213, 216, 217.

N.

Nachahmer 82.
Nachahmung s. Imitation.
Nachsatz 8, 13, 15, 18, 31, 42, 45, 74, 92, 122, 125, 127, 138, 143, 188, 196, 204.
Nachschlag 67.
Nationaltanz 83.
Naturgemäss 56.
Nebenarbeit 58.
Neuheit 56.
Nocturn 91.
Notengattung 3, 121.
Nothwendigkeit, innere 56, 217.
Nummern des Walzers 69.

O.

Oberdominante 10, 18, 20, 34, 78, 119, 122, 131, 151, 157, 184.
Obermediante 24, 34, 58, 184.
Ohr 3, 5.
Oper 71, 112, 176, 216.
Orchester 68, 103.
Orgel 4.
Orgelpunkt 138, 140, 178, 181.
Ouvertüre 211.

P.

Parallel 20, 34, 81, 102, 123, 151, 157, 184.
Partiturstudium 91, 110, 152, 181, 217.
Pas 66.
Pause 2.
Periode 7, 18, 24, 28, 31 (dreith.), 38, 39, 59, 64, 96, 138, 141, 194.
Phantasie 1, 144.
Phrase 1, 2, 23, 59, 62, 122.
Plan 176.
Poetisch 112, 176, 217.
Polka 67.
Polka Mazurka 68.
Polonaise 81.
Populär 38, 118.
Praktisch 14, 115.

Q.

Quadrille s. Contretanz.
Quartett 4, 41, 85, 214.

R.

Raff 65, 83, 216.
Reichardt 115.
Reim 115, 116.
Reissiger 115.
Reprise 125 ff., 167 ff., 189.
Resignation 91.
Rheinische Polka 64.
Rhythmus 3.
Rigandon 83.
Ritmo a tre battute 54.
Romanze 91.
Rondo 94 ff., 195 ff.
Rossini 212.
Rundgesang 95.

S.

Sarabanade 83.
Satz 1, 5, 24, 29, 95, 98 Anm., 116, 184, 202, 211 ff.
Schema 65, 125.
Scherzo 84 ff., 214.
Schiller 112.
Schluss 52, 102, 109, 117 f., 123, 161, 182 ff., 188, 192.
Schlusssatz 118 ff., 125 ff., 160, 161 ff., 192, 195.
Schnell 67 ff., 92.
Schritt 71.
Schubert 83, 112 ff.
Schumann 115 f.
Sechzehntaktig 28, 38, 66.
Seitensatz 118, 121, 125, 151, 157 ff., 171, 174, 184 ff., 190, 194.
Sequenz 50, 59, 134.
Siebentaktig 55.
Sinfonie 215.
Sinfonische Dichtung 216.
Sonate 117, 137, 184, 192, 195, 202, 211 ff., 216.
Sonatine 118 bis 137, 202 bis 210, 216.
Spannung 27, 76, 117.
Spezifische Begabung 68.
Sprachen 114.
Sprachgebrauch 33.
Steigerung 76, 117, 122, 169.
Stereotyp 94.
Stilvoll 56.
Stimmung (des Gedichtes) 115.
Streichquartett s. Quartett.
Studium 85, 143.
Suite 216.
Symmetrie, Ebenmass 51, 127.

T.

Takt, -art, -strich, -stock, -theil, -verbindung, -werth 1, 3, 53 ff., 66 ff., 81 ff., 121, 190.
Tanz 66 bis 71, 81 bis 85, 216.
Tanzform s. Tanz.
Tarantella 83.
Technisch 129, 161, 176.
Tempo 67, 110, 190, 214.
Text 115 f.
Theil 8, 15, 66 ff., 118 ff., 126, 188.
Theilschluss 39, 59, 66, 119 ff.
Thema 59, 64, 95 ff., erstes, zweites 102, 118, 127, 213.

Index.

Thematische Arbeit 59 ff., 122, 133, 175 ff.
Theorie (Wissensch. d. Musik) 110.
Tonart 214.
Tongeschlecht 123, 130, 171, 183.
Tonica 8, 126, 174.
Tonisch 5, 24, 127 ff., 138, 171, 187, 201.
Tonsatz 95.
Transponiren 56 f.
Trauermarsch 81, 83.
Trio 62 ff., 94, 213, Kammermusik 214.
Trugfortschreitung 87.

U.

Uebergang 48, 177.
Uebergangsformen 110.
Ueberleiten 3 ff., 108, 121, 165 ff., 207.
Uebermass 122.
Umfang, Ausdehnung 95, 118, 133, 137.
Umkehrung 109.
Unbedeutend 110.
Unbewusst 54.
Ungeschick 64, 115.
Ungewöhnlich 58.
Ungradzahlig 66.
Unterdominante 42.
Unregelmässig 33, 55.
Unumstösslich 113.
Unwahrheit 1.

V.

Variante 61.
Variation 38, 62, 64 ff., 100, 104, 214.
Veränderung 5, 10 f.
Veraltet 83, 105, 144.
Verbindung 118, 121.
Verbindungsglied 165.
Vergrösserung 191.
Verkürzung 35, 208.
Vermittlungssatz 118 ff., 124, 131, 151, 188, 193, 203 bis 209.
Vers 122 ff.

Versetzung 59, 122.
Verworren 122.
Verzierung 5.
Viertakt 4 ff., 121.
Viertheilig 119.
Virtuosität 65, 109.
Vocalsatz 4, 115, 216.
Vordersatz 7, 8, 10, 16, 33, 117 ff., 188, 196.
Vorschlag 67, 81.
Vorspiel 216.

W.

Wagner 30, 73 bis 80, 112, 115, 176, 211, 217.
Walzer 68, 72, 82.
Weber 12, 76, 81, 82, 114 f., 118, 211, 217.
Wechseldominante 152, 207.
Wiederholung 4, 5, 7, 23 f., 29, 38, 43, 49, 68, 74, 87, 105, 119, 137 f., 178, 196.
Willkür 67, 176.
Wissenschaft 5, 110.
Wortaccent 114.

Z.

Zählen 52 f.
Zahlbegriff 3.
Zeitgemäss 58.
Zelter 112, 115.
Zusammengesetzt 63, 101, 211.
Zusammenhang 41, 56.
Zusatz (Beethoven's) 182 ff.
Zweimalzweitakt 4.
Zweiter Theil 34, 39, 44, 47, 50 ff., 132 ff., 195.
Zweitheilig 15, 18, 23 f., 38 f., 66, 102, 122, 161, 196.
Zweitakt 1, 3, 4, 54, 59, 85, 112, 122, 155, 217.
Zweiunddreissigtaktig 38.
Zwischensatz 119.